原文

校訂三國遺事叙

三國遺事。繼金氏史記而作。收錄新羅高句麗百濟三國遺聞逸事者。高句麗忠烈王時僧一然所撰也。書凡五卷。分爲九門。初無序跋。冠以三國年表。所紀神異靈妙。專主崇佛弘法。論者謂荒誕不經。不足取信然流風遺俗。往往散見於其中。郡州縣都市。地勢沿革。歷然有徵。苟欲講三國舊事。采葑采菲。寧容遺之哉。其書以元至元大德間成。後二百餘年。迨明正德七年壬申再刊。慶州府尹李繼福跋其後云。吾東方三國。本史遺事兩本。他無所刊。而只在本府。歲久刓缺。一行可解僅四五字。因欲改刊。廣求完本。閱數歲不得焉。星州牧使權公。聞余之求。得完本送余。盖再刊之舉。出於繼福。而所謂完本者。亦非眞完本。恐闕損寫本已。我邦所傳有二本。一在尾州德川侯。一藏男爵神田氏。並係正德再刊。文字摸稜。魯魚焉馬。率仍其舊。甚則空紙脫葉。文斷義絕。殆不可讀。於是原二家藏本。據三國史記。高麗史。朝鮮史畧。東國通鑑。文獻備考。輿地勝覽。海東金石苑。暨漢土歷代史書。西域求法高僧傳。唐續高僧傳等。參互檢覈。訂其譌舛。補其闕漏。活字印行。以公於世。至元距今六百餘年。元主忽比烈置征東省。以高麗爲導。來寇於我筑紫。鎭西諸軍擊殲之。戰敗之餘。麗主至欲驅儒生充軍伍。而一然以高麗人。矻矻著書於其間。惜不使其筆當時曲折。取信於天下後世。抑三韓與我關係。邈在往世。此書所載。有間及我者。且書中插入鄕歌者。多係新羅語。鄕歌猶謂國風。新羅古言已亡。纔存鄕歌十餘首。實爲滄海遺珠。則匪直覈新羅舊事。亦足以參我古言。考古之士。討其源而究其委。庶幾乎其有所資焉。明治三十五年壬寅九月上澣。

例言

一、斯編。本無目次。今據編中標題之補之。又第一卷靺鞨渤海條闕二葉。第三卷南月山條闕一葉。伯嚴寺石塔舍利條闕二葉。其他或佚標題。或脫篇名。共不可考者。姑闕疑。

一、年表。首闕二葉。今不可補焉。編中文字闕失。或斷爛不能讀者。縮摹以存疑。倘以意擬定文字。則加〇分之。其屬闕失者。以囗囗標識之。

一、干支數字。時或有差。及行文中有誤脫。斷做紕繆者補正之。間或辯其是非於鼇頭。

一、假借音通字不敢改之。標出其由於鼇頭。避字亦然。但省畫字。如建作律武作正則改之。建係高麗太祖諱字武則惠宗諱字。並以其難通讀也。

一、斯篇凡五卷。原本合爲兩冊。今分之三冊。從其便也。蘇軾云。前輩不敢妄改古書。故文字屬別體者。務存其舊形。供博古一端。然活字印刷。烏焉易訛。覽者諒焉。

三國遺事目次

卷第一

年表

卷第二

卷第三

卷第四

卷第五

三國遺事目次 終

三國遺事年表

（原本首二葉闕佚）

	羅	麗	濟	洛
永元己丑十七 殤帝 元興乙巳 安帝 延平丙午 永初丁未七 元初甲寅六 永寧庚申	第六祇磨尼叱今 一作秖味。姓朴氏。父婆娑(王)。母史肖夫人。妃磨帝國王之女。口禮夫人。一作愛禮。金氏。壬子立。理二十二年。是王代滅音質國。今安康及押梁國。今(章)山			

原文斷爛不接續

坐上疑利

建光辛酉
延光壬戌四
順帝
永建丙寅六
陽嘉壬申四
永和丙子六
漢安壬午二
冲帝
建康甲申
永嘉乙酉
(質)帝

第七逸聖尼叱今
父弩禮王之兄。或云祗磨王。妃口禮夫人。日知葛文王之父。口口禮夫人口磨王之女。母伊口生夫人。或云口王夫人。朴氏。甲戊立。理二十年。

第四蓋婁王
己婁子。戊辰立。理三十八年。

又與倭國根嶺六字文意不通疑王與倭國通聘開竹嶺之意歟

本初丙戌

桓帝
建和丁亥三
和平庚寅
元嘉辛卯二
永興癸巳二
永壽乙未三
延熹戊戌九
永康丁未

靈帝
建寧戊申四
熹平壬子六

第八阿達羅尼叱今

又與倭國根嶺

立峴个彌勒大院東嶺是也

第七次大王
名遂。國祖王母弟。丙戌立。理十九年。

第八新大王
名(伯)(固)。一作伯句。乙巳立。理十四年。乙巳。國祖王年百十九歲。兄(弟)二王俱見弒于新王

第五肖古王
一作素古。蓋婁子。丙午立。理四十八年

避武作虎以下倣此

洪弘音通以下倣此

光和戊午六

中平甲子五

洪農(王)

献帝

永漢己巳

初平庚午四

興平甲戌二

建安丙子(二十四)

曹魏文帝

黃初庚子七

明帝

大和丁未六

第九伐休尼叱今

第十奈(解)尼叱今

第十一助(賁)尼叱今

第九故國川王

名男虎。或云夷謨。己(未)立。理十八年。國川亦曰國壤。乃葬地名。

第十(山)(上)(王)

第十一東川王

第六仇首王

一作貴須。(肖)(古)(王)之子。甲午立。理二十年。

第二居登王

首露子。母許皇后。己卯立。理五十五年。姓金氏。

原本慕作言尒盖慕字糜爛似言尒故誤耳今改

青龍 癸丑 四

景初 丁巳 三

齊王

正始 庚申 九

嘉平 己巳 五

高貴鄉

正元 甲戌 二

甘露 丙子 四

陳留王

景元 庚辰 四

第十二理解尼叱今

一作詁解王。昔氏。助賁王之同母弟也丁卯立。理十四年。始與高麗通聘。

第十三未鄒尼叱今

(第)(十)(二)(中)(川)(王)

第七沙伴王

一作沙(潰)。(又)(沙)(伊)。仇首之子。立卽廢。

第八古爾王

肖故之母弟。甲寅立。理五十二年。

第三麻品王

父居登王。母泉府卿申輔之女(慕)貞夫人。己卯立。理三十二年。

避昭作炤以下倣此

(咸)(熙)(甲申)
西晋虎帝
泰始乙酉 十
咸寧乙未 五
大康庚子 十一
惠帝

一作味炤。又未祖。又未召。姓金氏。始立。父仇道葛文王。母生乎。一作述禮夫人。伊非葛文王之女。朴氏。妃諸賁王之女光明娘。壬午立。理二十二年。
第十四儒禮尼叱今
一作世里智王。昔氏。父諸賁(王)。母口召夫人。朴氏。甲辰立。治十五年。補築月城。

第十三西川王
名藥盧。又若友。庚寅立。理二(十)(二)年。

第九責稽王
古爾子。一作責替。該。丙午立。治十二年。

					者疑首訛		氏疑民訛	
元康辛亥九	(永)(康)(庚申)	永寧辛酉	大安壬戌二	永興甲子二		光熙丙寅		懷帝
第十五基臨尼叱今 一作基立王。昔氏。諸賁王之第二子也 母阿爾(兮)夫人。戊午立。治十二年。						丁卯年。是國號曰新羅。新者德業日新。羅者網羅四方之氏云。或系智證法興之世。		
第十四烽上王 一云雉葛王。名相夫。壬子立。治八年	第十五美川王 一云好讓。名乙弗。又憂弗。庚申立。理三十一年。							
第十汾西王 責稽子。戊午立。治六年。				第十一比流王 仇者第二子。沙泮之弟也。甲子立。治四十年。				
第四居叱彌王 一作今勿。父麻品。母好仇。辛亥立。治五十五年。								

永嘉丁卯六

愍帝

建興癸酉四

東晋中宗

建虎丁丑

大興戊寅四

明帝

永昌壬午

大寧癸未三

顯宗

咸和丙戌九

第十六乞解尼叱今

昔氏。父于老音角干。卽奈解王第二子也。庚午立。治(四)十六年。是王代●百濟兵始來侵。

己丑始築碧骨堤。周□萬七千二十六步。□□百六十六

第十六國原王

古瞻音通

咸康乙未八

康帝

建元癸卯二

(孝)宗

永和乙巳十二

哀帝

昇平丁巳五

步。水田一萬四千七十(結)。

第十七奈勿麻立干

一作口王。金氏。父仇道葛文王。一作未召王之弟(未)(仇)角干。母(休)(禮)(夫)(人)。金氏。丙辰立。理四十六年。陵在占星臺西南。

名釗。又斯由。或云岡上(王)。辛卯立。理四十年。(甲)(午)(八)(月)增築平壤城。壬寅八月移都安市城。卽(丸)都城。

第十二契王

汾西元子甲辰立。理二年。

第十三近肖古王

比流第二子。丙午立。理二十九年。

第五伊品王

父居叱彌。母阿志。丙午立。理六十年。

隆和 壬戌
興寧 癸亥 三
廢帝
大和 丙寅 五
簡文帝
咸安 辛未 二
烈宗
寧康 癸酉 三
大元 丙子 廿一

第十七小獸林王
名丘夫。辛未立。理十三年。
第十八國壤王
名伊速。又於只支。甲申立。治八年。
第十九廣開(土)王
名談德。壬辰立。治二十一年。

辛未。移都北漢山。
第十四近仇首王
近肖古之子也。乙亥立。理九年。
第十五枕流王
近仇首子。甲申立。
第十六辰斯王
枕流王弟。乙酉立。治七年。
第十七阿莘王

安帝
隆安丁酉五
元興壬寅三
義熙乙巳十四
恭帝
元熙己未
宋武帝

第十八實聖麻立干
一作實主王。又寶金王。父未鄒王弟大西知角干。(母)禮生夫人。昔氏。登也阿干(女)也。妃向留夫人。壬寅立。治十五(年)。王卽鵄述之父。

第十九訥祇麻立干
一作內只王。金氏。父奈勿王。母內禮希夫人。金氏。未鄒王女。丁巳立。治四十一年。

第二十長壽王
名臣(連)。癸丑立。治七十九年。

一作阿芳。辰斯子。壬辰立。治十三年。

第十八腆支王
一作眞支王。名映。阿莘子。乙巳立。治十五年。

第六坐知王
一云金叱王。父伊品。母貞信。丁未立。治十四年。

金喜恐叱嘉誤

永初 庚申 三

少帝 景平 癸亥

文帝 元嘉 甲子 廿九

世祖 大初 癸巳

孝建 甲午 三

大明 丁酉 八

第二十慈悲麻立干 金氏。父訥祗。母阿老夫人。一作次老夫人。實聖王之女。

丁卯。移都平壤城。

第十九久爾辛王 腆支子。庚申立。治七年。

第二十毗有王 久爾辛子。丁卯立。治二十八年。

第二十一蓋鹵王 一云近蓋鹵王。名慶司。(乙)未立。治二十年。

第七吹希王 一云金喜。父坐知王。母福(壽)。辛酉立。治三十年。

第八銍知王 一云金銍。(父)(吹)希。母仁德。辛卯立。治三十六年。

原本弟作第今改

大宗
泰始乙巳八

後廢帝
元徽癸丑四

順帝
昇明丁巳二

齊大祖
建元己未四

戊戌立。治二十一年。妃巴胡葛文王女。一作口叱希角干女。一作(未)(欣)角干女。始與吳國通。己未年倭國兵來侵。始築明活城入避。來圍梁州城。不克而還。

第二十一毗處麻立干
(一)作(炤)知王。金氏。慈悲王第三

第二十二文周王
一作文明。蓋鹵子。乙卯立。移都熊川。理二年。

第二十三三斤王
一作三乞王。文周子。丁巳立。理二年

第二十四東城王
名牟大。一云麻帝。又餘大。三斤王之堂弟。己未立。理二十二年。

避治作理以下倣此

原本老作名今改

永明癸亥十一

廢帝

高宗

建虎甲戌四

永泰戊寅

永元己卯二

和帝

子。母未欣角干之女。己未立。理二十一年。妃期寶葛文王之女。

第二十二智訂麻立干

一作智哲(老)。又智度路王。金氏。父訥祇王弟期寶葛文王。母烏生夫人。訥祇王之女。妃迎帝夫人。儉攬代漢只登許作角干之女。庚辰立。理十四年。

第二十一文咨明王

名明理好。又个雲。又高雲。壬申立。理二十七年。

第九鉗知王

父銍知王。母邦媛。壬申立。理二十九年。

寶臧疑義慈訛

秦一作恭又泰

朝鮮史畧作金仇衡

原本𡛜作女今改

中興 辛巳

梁高祖

天監 壬午 十八

普通 庚子 七

大通 丁未 二

巳上爲上古。巳下爲中古。

第二十三法興王

名原宗。金氏。冊府元龜云。姓募。名秦。父智訂。母迎帝夫人。法興謚。謚始乎此。甲午立。理二十六年。陵在哀公寺北。妃巴刁夫人。出家名法流。住永興寺。始行律令。始行十行日。禁殺。度爲僧尼。

第二十二安臧王

名興安。己亥立。理十二年。

第二十五虎寧王

名斯摩。卽東城第二子。辛巳立。理二十二年。南史云。名扶餘隆。誤矣。(隆)乃寶臧之太子詳見唐史。

第二十六聖王

名明襛虎寧子。癸卯立。理三十一年。

第十仇衡王

鉗知子。母(𡛜)。辛丑立。理(四)十二年。中大通四年壬子。納土投羅。自首露王壬寅至壬子合四百九十年。

國除

	中大通己酉六 大同乙卯十一 中大同丙寅 大清丁卯三 簡文帝 大寶庚午 候景 大始辛未 承聖壬申三
羅	建元丙辰(十)(五) 是年始置。年號始此。 第二十四眞興王 名彡麥宗。(一)作深(麥)(宗)。金氏。父卽法興之弟立宗葛文王。母只召夫人。一作息道夫人。(妃)(思)(刀)(夫)(人)。(英)失角(子)(之)(女)。剃髮(爲)(尼)。(庚)(申)立。理三十(六)(年)。 開國辛未十七
麗	第二十三安原王 名寶迎。辛亥立。理十四年。 第二十四陽原王 一云陽崗王。名平成。乙丑立。理十四年。
濟	戊午。移都泗沘。稱南扶餘。 第二十七威德王

高疑昌訛

動之二字不詳高下疑陽

朱氏疑未丘誤

敬帝
紹泰乙亥
大平丙子

陳高祖
永安丁丑三

文帝
天嘉庚辰六
天康丙戌
光大丁亥二

宣帝
大建己丑十四

大昌戊子四

(鴻)濟壬辰十二

第二十五眞智王
名金輪。一作舍輪。金氏。父眞興。母朱氏尼。(英)

第二十五平原王
一作平岡。名陽城。動之云高□。己卯立。理三十一年。

名高。又明。甲戌立。理四十四年。

如又作知
善北二字難讀疑
一善北破百濟兵
七字殘缺僅存其
二字者歟東語上
疑脫雲

尼上疑盡
名下當有脫字
肹下疑女

至德癸卯四
禎明丁未三
隋文帝
開皇庚戌十一

(失)(角)干之女(思)(刀)
一作色刀夫人。朴氏。妃
如刀夫人。起烏公之女。
朴氏(丙)(申)立。治四年
治裴善北

第二十六眞平王

名(白)(淨)。口口東語。
(父)太子。母立宗葛文王
之女萬呼。一云萬寧夫人。
名行口尼。妃摩耶夫人。
金氏。名(葛)(文)(王)福
肹口。後妃僧滿夫人。孫
氏。己亥立。(理)(五)(十)
(三)(年)

(建)(福)(甲)(辰)(五)(十)

第二十六嬰陽王

一云平陽。名元。一云大
元。庚戌立。治二十八年。

第二十八惠王

名季。一云獻王。威德子。
戊午立。

第二十九法王

名孝順。又宣。惠王子。己
未立。

獻丙庚三字難解

原本夫人作美人今改

仁壽辛酉四

煬帝

大業乙丑十二

恭帝

義寧丁丑

唐大祖

武德戊寅九

大宗

貞觀丁亥廿三

第二十七善德王

名德曼。父眞平王。母麻耶夫人。金氏。聖骨男盡故女王立。王之匹飮葛文王。(壬)(辰)立。治(十)(六)年。

仁平甲午十四

第二十七榮留王

名(建)(武)。又建成。戊寅立。治二十四年。

第二十八寶臧王

壬寅立。治二十七年。

第三十武王

或云武康。獻丙庚。小名一耆篩德。(庚)申立。治四十一年。

第三十一義慈王

武王子。辛丑立。治二十年。

追下疑饌蕭大
下上上疑下誤
立信音通
現顯音通

高宗
永徽庚戌六
現慶丙辰五
龍朔辛酉三
麟德甲子二

第二十八眞德女王
名勝曼。金氏。父眞平王之弟國其安葛文王。母阿尼夫人。朴氏。奴追口口口葛文王之女也。或云月明。非也。丁未立。治七年。
大和戊申一己上中古聖骨。己巳上下古眞骨。

第二十九大宗武烈王
名春秋。金氏。眞智王子龍春卓文興葛文王之子也。龍春一作龍樹。母天明夫人。諡文貞大后。眞平王之女也。妃訓帝夫人。諡文明王后。庚立之妹。小名文姬也。甲寅立。治七年。

第三十文武王
名法敏。大宗之子也。母訓帝夫人。妃慈義。一作(慈)訥王后。善品海干之女。辛酉立。治二十年。陵在感恩寺東海中。

庚申國除。自溫祚癸卯至庚申。六百七十八年。

乾封丙寅二
總章戊辰二
咸亨庚午四
上元甲戌二
儀鳳丙子三
調露己卯
永隆庚辰
開耀辛巳
永淳壬午
虎后
洪道癸未
文明甲申
垂拱乙酉四

第三十一神文王

金氏。名政明。字日炤。父文虎王。母慈訥王后。妃神穆王后。金運公之女。辛巳立。理十一年。

戊辰國除

自東明甲申至戊辰。合七百五年。

大泰庚戌

永昌己丑

周

天授庚寅二

長壽壬辰二

延載甲午

天冊乙未

通天丙申

神功丁酉

聖曆戊戌二

久視庚子

長安辛丑四

第三十二孝昭王

名理恭。(一)(作)(洪)。(父)(神)(文)(王)。(母)(神)穆王后。

第三十三聖德王

名興光。本名隆基。孝昭之母弟也。先妃陪昭王后。謚嚴貞。元大(阿)(干)之女也。後妃占勿王后。謚炤德。順元角干之女。壬寅立。理三十五年。陵在東村南。一云楊長谷。

中宗
神龍乙巳二
景龍丁未三
睿宗
景雲庚戌二
玄宗
先天壬子
開元癸丑廿九
天寶壬午十四
肅宗

第三十四孝成王
金氏。名承慶。父聖德王。母炤德大后。妃惠明王后。眞宗角干之女。丁丑立。理五年。法流寺火葬。骨散東海。

第三十五景德王
金氏。名憲英。父聖德(王)母炤德大后。先妃三毛夫人。出宮无後。後妃滿月夫人。謚景垂王后。垂一作穆。依忠角干之女。壬午立。理二十三年。初葬頃只寺西岑。鍊石爲陵。後移葬楊長谷中。

至德丙申二
乾元戊戌二
上元庚子二
寶應壬寅
代宗
廣德癸卯二
永泰乙巳
大曆丙午十四
德宗
建中庚申四

第三十六惠恭王
金氏。名乾運。父景德(王)。母滿月王后。先妃神巴夫人。魏正角干之女。妃昌昌夫人。金將角干之女。乙巳立。理十五年。

第三十七宣德王
金氏。名亮相。父孝方海干。追封開聖大王。卽元訓角干之子。母四召夫人。謚(貞)懿大后。聖德王之女。妃具足王后。狼品角干之女。庚申立。理五年。

母下疑朴氏
烏疑烏訛

興元甲子
貞元乙丑二十

順宗
永貞乙酉

憲宗

第三十八元聖王

金氏。名敬愼。一作敬信。唐書云敬則。父孝讓大阿干。追封明德大王。母口口。一云知烏夫人。諡昭文王后。昌近伊已之女、妃淑貞夫人。神述角干之女。乙丑立。理十四年。陵在鵠寺。今崇福寺有也。或遠所立碑。

第三十九昭聖王

一作昭成王。金氏。名俊邕。父惠忠大子。母聖穆大后。妃桂花王后。夙明公女。己卯立而崩。

第四十哀莊王

金氏。名重熙。一云淸明。父昭聖(王)。母桂花王后。庚辰立。理九年。元和四年己丑七月十九日。王之叔父憲德興德兩伊干所害而崩。

元和丙戌十五

穆宗

長慶辛丑四

敬宗

寶曆乙巳二

文宗

大和丁未九

開成丙辰五

第四十一憲德王

金氏。名彥升。昭聖(王)之母弟。妃貴勝娘。諡皇娥王后。忠恭角干之女。已丑立。理十七年。陵在泉林村北。

第四十二興德王

金氏。名景暉。憲德(王)母弟。妃昌花夫人。諡定穆王后。昭聖(王)之女。丙午立。理十年。陵在安康北比火壤。與妃昌花合葬。

第四十三僖康王

金氏。名愷隆。一作悌顒。父憲貞角干。諡興聖大王。一作(翌)成。禮英匝干子也。母美道夫人。一作深乃夫人。一云巴利夫人。

海下疑脫角干
原本七月作十一月今改

原本七月作十一月今改

虎宗

會昌辛酉六

宣宗

諡順成大后。忠行大阿干之女也。妃文穆王后。忠孝角干之女。一云重恭角干。丙辰年立。理二年。

第四十四閔(一作敏)哀王

金氏。名明。父忠恭角干。追封宣康大王。母追封惠忠王之女貴巴夫人。諡宣懿王后。妃允容皇后。永公角干之女。戊午立。至己未正月二十二日崩。

第四十五神虎王

金氏。名佑(徵)。父均貞角干。追封成德大王。母貞(憍)夫人。追封(憲)(穆)(大)(后)。祖禮英。(追)(封)惠康大王。妃(貞)從。一作(貞)繼大后。明海□□之女。己未四月立。至七月二十三日崩。

第四十六文聖王

金氏。名慶膺。父神虎王。母貞從大后。妃炤明王后。己未七月立。理十九年。

大中 丁卯 十三	第四十七憲安王 金氏。名誼靖。神虎王之弟。母昕明夫人。戊寅立。理三年。
懿宗 咸通 庚辰 十四	第四十八景文王 金氏。名膺廉。父啓明角干。追封義(一作懿)恭大王。卽僖康王之子也。母神虎王之女光和夫人。妃文資(皇)后。憲安王之女。辛巳立。理十四年。
僖宗 乾符 甲午 六	第四十九憲康王 金氏。名晸。父景文王。母文資皇后。(妃)(懿)(明)(夫)(人)。一云義明王后。乙未立理十一年。
廣明 庚子 中和 辛丑 四 光啓 乙巳 三	第五十定康王

閔哀疑憲康誤

小子疑太子誤

昭宗

文德 戊申

龍紀 己酉

大順 庚戌 二

景福 壬子 二

金氏。名晃。閔哀王之母弟。丙午立。而崩。

第五十一 眞聖女王

金氏。名曼憲。卽定康王之同母妹也。王之匹(魏)(弘)大角干。追封惠成大王。丁未立。理十年。丁巳遜位于小子孝恭王。十二月崩。火葬。散骨于牟梁西岳。一作未黃山。

後高麗

弓裔

大順庚戌。始投北原賊良吉屯。丙辰。都鐵圓城。(今東洲也)丁巳。移都松岳郡。

後百濟

甄萱

壬子。始都光州。

文賁疑義明誤

乾寧甲寅四

光化戊午三

天復辛酉三

景宗

天祐甲子三

朱梁

開平丁卯四

乾化辛未四

末帝

第五十二孝恭王

金氏。名嶢。父憲康王。母文資王后。丁巳立。理十五年。火葬師子寺北。骨藏于仇知堤東山脇。

第五十三神德王

朴氏。名景徽。本名秀宗。母貞花夫人。夫人之父順弘角干。追謚成虎大王。祖元从角干。乃阿達(羅)王之遠孫(父)文元伊干。追封興廉大王。祖文官海干。義父銳謙角干。追封宣成大王。妃資成王后。一云懿成。又孝資。壬申立。理五年。火葬。藏骨于箴峴南。

辛酉。稱高麗。

甲子。改國號摩震。置元虎泰。

甲戌。還鐵原。

于疑女誤
膺疑濟誤音濟郎
演福寺古名通上
下疑脫字

妙上下疑脫字

貞明乙亥六

第五十四景明王

朴氏。名昇英。父神德(王)
母資成(王)(后)。妃長砂
宅大尊角干追封聖僖大王
之子。大尊卽水宗伊干之
子。丁丑立。理七年。火葬
皇福寺。散骨于省等仍山
西。

太祖

戊寅六月裔死。太祖卽位
于鐵原京。己卯。移都松
岳郡。是年。創法王慈雲●
王輪●內帝釋●舍那。又創
天禪院。(卽普膺)新興文
殊通地藏。前十大寺。皆
是年所創。庚辰。乳岩下
立油市。故今俗利市云乳
下。十月。創大興寺。或系
壬午。壬午又創日月寺。或
系辛巳。甲申。創外帝釋●
神衆院●興國寺。丁亥。創
妙寺。己丑。創龜山。庚寅。
安(以下闕佚)

龍德辛巳二

後唐

同光癸未三

第五十五景哀王

朴氏。名魏膺。景明(王)之
母弟也。母資成(王)(后)。
甲申立。理三年。

明宗

天成丙戌四

第五十六敬順王

金氏。(名)傅。父孝宗伊干
追封神興大王。祖官門角
干。(追)封懿興大王。母
桂娥(大)(后)。(憲)康王

小少晉通

長興庚寅四

閔帝

末帝

清泰甲午二

石晉

天福丙申八

之(女)(也)。(丁)(亥)(立)。(理)(八)(年)。乙未納土歸于(大)(祖)。(大)(平)(興)(國)(三)(年)(戊)(寅)(薨)。陵(在)口口東向洞。

自五鳳甲子至乙未。合九百九十二年。

丙申統三

乙未。萱子神劍簒父自立。

是年國除 自壬子至此。四十四年而亡。

前漢高惠小文景虎昭宣元成哀平孺

後漢光明 (和)殤安順(冲)(質)桓靈農献

魏晋宋齊陳梁隋

李唐(高)大高則中睿玄肅代德順憲穆(敬)文虎宣(懿)僖昭景

朱梁後唐石晋劉漢郭周

大宋

注疑生訛
小少音通

避堯作高

三國遺事卷第一

國尊曹溪宗迦知山下麟角寺
住持圓鏡冲照大禪師 一然 撰
文學博士 坪井九馬三
日下寬 校訂

紀異第一

叙曰。大抵古之聖人。方其禮樂興邦。仁義設教。則怪力亂神。在所不語。然而帝王之將興也。膺符命。受圖籙。必有以異於人者。然後能乘大變。握大器。成大業也。故河出圖。洛出書。而聖人作。以至虹繞神母而誕羲。龍感女登而注炎。皇娥遊窮桑之野。有神童自稱白帝子。交通而生小昊。簡狄卵吞而生契。姜嫄履跡而生弃。胎孕十四月而生堯。龍交大澤而生沛公。自此而降。豈可殫記。然則三國之始祖。皆發乎神異。何足怪哉。此紀異之所以漸諸篇也意在斯焉。

古朝鮮 王儉朝鮮

魏書云。乃往二千載有壇君。王儉立都阿斯達。經云無葉山。亦云白岳。在白州地。或云在開城東。今白岳宮是。開國號朝鮮。與高同時。古記云。昔有桓國謂帝釋也庶子桓雄。數意天下。貪求人世。父知子意。下視三危大伯可

避武作虎以下倣此

魏衛音通

常嘗音通
注燕國據漢書補之

漢書本傳馭作馳

以弘益人間。乃授天符印三箇。遣往理之。雄率徒三千●降於太伯山(卽太伯今妙香山)神檀樹下。謂之神市。是謂桓雄天王也。將風伯雨師雲師。而主穀主命主病刑主善惡。凡主人間三百六十餘事在世理化。時有一熊一虎●同穴而居。常祈于神雄。願化爲人。時神遺靈艾一炷●蒜二十枚曰。爾輩食之。不見日光百日。便得人形。熊虎得而食之。忌三七日。熊得女身。虎不能忌。而不得人身。熊女者無與爲婚。故每於壇樹下呪願有孕。雄乃假化而婚之。孕生子。號曰壇君王儉。以唐高卽位五十年庚寅(唐堯卽位元年戊辰。則五十年丁巳。非庚寅也。疑其未實)都平壤城。(今西京)始稱朝鮮。又移都於白岳山阿斯達。又名亐(一作方)忽山。又今彌達。御國一千五百年。周虎王卽位己卯封箕子於朝鮮。壇君乃移於藏唐京。後還隱於阿斯達爲山神。壽一千九百八歲。唐裵矩傳云。高麗本孤竹國。(今海州)周以封箕子爲朝鮮。漢分置三郡。謂玄菟樂浪帶方。(北帶方)通典亦同此說。(漢書則眞臨樂玄四郡。今云三郡。名又不同。何耶。)

魏滿朝鮮

前漢朝鮮傳云。自始燕時常畧得眞蕃朝鮮。(師古曰。戰國時(燕)(國)始畧得此地也。)爲置吏築障。秦滅燕。屬遼東外徼。漢興。爲遠難守。復修遼東故塞。至浿水爲界。(師古曰。浿在樂浪郡。)屬燕。燕王盧綰反入匈奴。燕人魏滿亡命。聚黨千餘人。東走出塞。渡浿水。居秦故空地上下障。稍役屬眞蕃朝鮮蠻夷●及故燕齊亡命者王之。都王儉。(李曰。地名。臣讃曰。王儉城在樂浪郡浿水之東。)以兵威侵降其旁小邑。眞蕃臨屯皆來服屬。方數千里。傳子至孫右渠。(師古曰。孫名右渠。)眞蕃辰國欲上書見天子。雍閼不通。(師古曰。辰謂辰韓。)元封二年漢使涉何諭右渠。終不肯奉詔。何去至界。臨浿水。使馭刺殺送何者朝鮮裨王長。(師古曰。送何者名也。)

漢書本傳遼東之部作遼東東部襲攻殺作攻襲殺樓舡作樓船規窺音通

漢書本傳報上有山字

漢書本傳便宜下將作得

即渡水。馭入塞。遂歸服。天子拜何爲遼東之部都尉。朝鮮怨何。襲攻殺何。天子遣樓舡將軍楊僕•從齊浮渤海。兵五萬。左將軍荀彘出遼討右渠。右渠發兵距嶮。樓舡將軍將齊七千人先到王儉。右渠城守。規知樓舡軍小。即出擊樓舡。樓舡敗走。僕失衆遁山中獲免。左將軍擊朝鮮浿水西軍。未能破。天子爲兩將未有利。乃使衛山因兵威往諭右渠。右渠請降。遣太子獻馬。人衆萬餘持兵。方渡浿水。使者及左將軍疑其爲變。謂太子已服。宜毋持兵。太子亦疑使者詐之。遂不渡浿水。復引歸。報。天子誅山。左將軍破浿水上軍。迺前至城下。圍其西北。樓舡亦往會居城南。右渠堅守。數月未能下。天子以久不能決。使故濟南太守公孫遂往正之。有便宜將以從事。遂至。縛樓舡將軍並其軍。與左將軍急擊朝鮮。朝鮮相路人•相韓陶•尼谿相參•將軍王唊（師古曰。尼谿地名。四人也。）相與謀欲降。王不肯之。陶唊路人皆亡降漢。路人道死。元封三年夏。尼谿相參使人殺王右渠來降。王儉城未下。故右渠之大臣成己又反。左將軍使右渠子長•路人子最•告諭其民。謀殺成己。故遂定朝鮮。爲眞蕃 臨屯 樂浪 玄菟四郡。

馬韓

魏志云。魏滿擊朝鮮。朝鮮王準率宮人左右•越海而南至韓地。開國號馬韓。甄萱上大祖書云。昔馬韓先起。赫世勃興。於是百濟開國於金馬山。崔致遠云。馬韓•麗也。辰韓•羅也。（據本紀。則羅先起甲子。麗後起甲申。而此云者。以王準言之耳。以此知東明之起。已并馬韓而因之矣。故稱麗爲馬韓。今人或認金馬山•以馬韓爲百濟者。蓋誤濫也。麗地自有邑山。故名馬韓也。）四夷 九夷 九韓穢貊。周禮職方氏掌四夷九貊者。東夷之種即九夷也。三國史云。溟州•古穢國。野人耕田得穢王印獻之。又春州古牛首州•古貊國。又或云。今朔州是貊國。或平壤城爲貊國。淮南子注云。東方之夷九種。論語正義云。九夷者。一玄菟•二樂浪•三高麗•四滿飾•五鳧臾•六素家•七東屠•八倭人•九天鄙•海東安弘記云。九韓者。一日本•二中華•三吳越•四毛羅•五鷹遊•六靺鞨•七丹國•八女眞•九穢貊。

二府

前漢書。昭帝始元五年己亥。置二外府。謂朝鮮舊地平那及玄菟郡等爲平州都督府。臨屯樂浪等兩郡之地置東部都尉府。私曰。朝鮮傳則眞番玄菟臨屯樂浪等四。今有平那無眞蕃。蓋一地二名也。

七十二國

通典云。朝鮮之遺民分爲七十餘國。皆地方百里。後漢書云。西漢以朝鮮舊地初置爲四郡。後置二府。法令漸煩。分爲七十八國。各萬戶。馬韓在西。有五十四小邑。皆稱國。辰韓在東。有十二小邑稱國。卞韓在南。有十二小邑。各稱國。

樂浪國

前漢時始置樂浪郡。應邵曰。故朝鮮國也。新唐書注云。平壤城•古漢之樂浪郡也。國史云。赫居世三十年。樂浪人來投。又第三弩禮王四年。高麗第三無恤王伐樂浪滅之。其國人與帶方北帶方投于羅。又無恤王二十七年。光虎帝遣使伐樂浪。取其地爲郡縣。薩水已南屬漢。據上諸文。樂浪即平壤城。宜矣。或云樂浪中頭山下靺鞨之界。薩水今大同江也。未詳孰是。又百濟溫祚之言。曰東有樂浪。北有靺鞨。則殆古漢時

卷第三皇龍寺九層塔條引東都成立記毛羅作托羅

羅耙投作侵

原本軍作覃今據地理志改四上疑脫十

阿何音通以下倣此

屢婁訛

樂浪郡之屬縣之地也。新羅人亦以稱樂浪。故今本朝亦因之而稱樂浪郡夫人。又大祖降女於金傳。亦曰樂浪公主。

北帶方

北帶方。本竹軍城。新羅弩禮王四年。帶方人與樂浪人投于羅。此皆前漢所置二郡名。其後僭稱國。今來降。

南帶方

曹魏時始置南帶方郡。今南原府故云。帶方之南海水千里曰瀚海。後漢建安中。以馬韓南荒地爲帶方郡。倭韓遂屬。是也。

靺鞨一作勿吉渤海

通典云。渤海。本粟末靺鞨。至其酋柞榮立國。自號震旦。先天中玄宗壬子始去靺鞨號。專稱渤海。開元七年己未柞榮死。謚爲高王。世子襲立。明皇賜典冊襲王。私改年號。遂爲海東盛國。地有五京。十五府。六十二州。後唐天成初。契丹攻破之。其後爲丹所制。三國史云。儀鳳三年。高宗戊寅。高麗殘孽類聚。北依太伯山下。國號渤海。開元二十年間。明皇遣將討之。又聖德王三十二年。玄宗甲戌。渤海靺鞨越海侵唐之登州。玄宗討之。又新羅古記云。高麗舊將柞榮姓大氏。聚殘兵。立國於大伯山南。國號渤海。按上諸文。渤海乃靺鞨之別種。但開合不同而已。按指掌圖。渤海在長城東北角外。賈耽郡國志云。渤海國之鴨淥南海扶餘柵城四府。並是高麗舊地也。自新羅泉井郡地理志。朔州領縣有泉井郡。今湧州。至柵城府三十九驛。又三國史云。百濟末年。渤海靺鞨新羅分百濟地。據此。則鞨海又分爲二國也。羅人云。北有靺鞨。南有倭人。西有百濟。是國之害也。又靺鞨地接阿瑟羅州。又東明記云。卒本城地連靺鞨。或云今東眞羅第六祇麻王十四年。乙丑靺鞨兵大入北境。襲大嶺柵過泥河。後魏書靺鞨作勿吉。指掌圖云。挹婁與勿吉皆肅愼也。黑水 沃沮 按東

本條起首闕亡據麗紀蓋記扶餘朱蒙事也

肥下疑脫者

年下疑脫二

坡指掌圖。辰韓之北有南北黑水。 按東明帝立十年滅。

(以下二葉闕佚)

五升許。王弃之與犬猪。皆不食。又弃之路。牛馬避之。弃之野。鳥獸覆之。王欲剖之而不能破。乃還其母。母以物裹之。置於暖處。有一兒破殼而出。骨表英奇。年甫七歲。岐嶷異常。自作弓矢。百發百中。國俗謂善射爲朱蒙。故以名焉。金蛙有七子。常與朱蒙遊戲。技能莫及。長子帶素言於王曰。朱蒙非人所生。若不早圖。恐有後患。王不聽。使之養馬。朱蒙知其駿者。減食令瘦。駑者善養令肥。王自乘肥。瘦者給蒙。王之諸子與諸臣將謀害之。蒙母知之。告曰。國人將害汝。以汝才畧。何往不可。宜速圖之。於是蒙與烏伊等三人爲友。行至淹水。(今未詳) 告水曰。我是天帝子。河伯孫。今日逃遁。追者垂及。奈何。於是魚鼈成橋。得渡而橋解。追騎不得渡。至卒本州。(玄菟郡之界) 遂都焉。未遑作宮室。但結廬於沸流水上居之。國號高句麗。因以高爲氏。(本姓解也。今自言是天帝子。承日光而生。故自以高爲氏。) 時年十二歲。漢孝元帝建昭二年甲申歲。卽位稱王。 高麗全盛之日。二十一萬五百八戶。 珠琳傳第二十一卷載。 昔寧稟離王侍婢有娠。相者占之曰。貴而當王。王曰。非我之胤也。當殺之。婢曰。氣從天來。故我有娠。及子之產。謂爲不祥。捐圈則猪噓。弃欄則馬乳。而得不死。卒爲扶餘之王。(卽東明帝爲卒本扶餘王之謂也。此卒本扶餘。亦是北扶餘之別都。故云扶餘王也。寧稟離乃夫婁王之異稱也。)

卞韓 百濟

(亦云。南扶餘。卽泗沘城也。)

新羅始祖赫居世卽位十九年壬午。卞韓人以國來降。新舊唐書云。卞韓苗裔在樂浪之地。後漢書云。卞韓在南。馬韓在西。辰韓在東。致遠云。卞韓。百濟也。按本紀。温祚之起在鴻嘉四年甲辰。則後於赫世東明之世四十餘年。而唐書云。卞韓苗裔在樂浪之地云者。謂温祚之系出自東明故云耳。或有人出樂浪之地。立國於卞韓。與馬韓等並峙者。在温祚之前爾。非所都在樂浪之北也。或者濫九龍山亦名卞那山。故以高句麗爲卞韓者盖謬。當以古賢之說爲是百濟地自有卞山。故云卞韓。百濟全盛之時。十五萬二千三百戶。

辰韓 (亦作秦韓)

後漢書云。辰韓耆老自言。秦之亡人來適韓國。而馬韓割東界地以與之。相呼爲徒。有似秦語。故或名之爲秦韓。有十二小國。各萬戶。稱國。又崔致遠云。辰韓本燕人避之者。故取涿水之名。稱所居之邑里。云沙涿。漸涿等。(羅人方言。讀涿音爲道。故今或作沙梁。梁亦讀道。) 新羅全盛之時。京中十七萬八千九百三十六戶。一千三百六十坊。五十五里。三十五金入宅。(言富潤大宅也) 南宅 北宅 亏比所宅 本彼宅 梁宅 池上宅(本彼部) 財買井宅(庾信公祖宗) 北維宅 南維宅(反香寺下坊) 隊宅 賓支宅(反香寺犯) 長沙宅 上櫻宅 下櫻宅 水望宅 泉宅 楊上宅(梁南) 漢岐宅(法流寺南) 鼻穴宅(上同) 板積宅(芬皇寺上坊) 別敎宅(川北) 衙南宅 金楊宗宅(梁官寺南) 曲水宅(川北) 柳也宅 寺下宅 沙梁宅 井上宅 里南宅(亏所宅) 思內曲宅 池宅 寺上宅(大宿宅) 林上宅(靑龍之寺東方有池) 橋南宅 巷叱宅(本彼部) 樓上宅 里上宅 椧南宅 井下宅

椧恐椧訛

又四節遊宅

春、東野宅　夏、谷良宅　秋、仇知宅　冬、加伊宅

第四十九憲康大王代。城中無一草屋。接角連墻。歌吹滿路。晝夜不絕。

新羅始祖　赫居世王

辰韓之地。古有六村。一曰閼川楊山村。南今曇嚴寺。長曰謁平。初降于瓢嵓峰。是爲及梁部李氏祖。(弩禮王九年置。名及梁部。本朝太祖天福五年庚子。改名中興部。波替東山彼上東村屬焉。)二曰突山高墟村。長曰蘇伐都利。初降于兄山。是爲沙梁部(梁讀云道。或作涿。亦音道。)鄭氏祖。今曰南山部。仇良伐麻等烏道北廻德等南村屬焉。(稱今曰者。太祖所置也。下例知。)三曰茂山大樹村。長曰俱(一作仇)禮馬。初降于伊山。(一作皆比山)是爲漸梁(一作涿)部。又牟梁部孫氏之祖。今云長福部。朴谷村等西村屬焉。四曰觜山珍支村。(一作賓之。又賓子。又氷之。)長曰智伯虎。初降于花山。是爲本彼部崔氏祖。今曰通仙部。柴巴等東南村屬焉。致遠乃本彼部人也。今皇龍寺南味呑寺南有古墟。云是崔侯古宅也。殆明矣。五曰金山加利村。(今金剛山栢栗寺之北山也)長曰祇沱。(一作只他)初降于明活山。是爲漢岐部。又作韓岐部裴氏祖。今云加德部。上下西知乃貌等東村屬焉。六曰明活山高耶村。長曰虎珍。初降于金剛山。是爲習比部薛氏祖。今臨川部。勿伊村仍仇旀村闕谷(一作葛谷)等東北村屬焉。按上文此六部之祖。似皆從天而降。弩禮王九年始改六部名。又賜六姓。今俗中興部爲母。長福部爲父。臨川部爲子。加德部爲女。其實未詳。前漢地節元年壬子(古本云建虎元年。又云建元三年等。皆誤。)三月朔。六部祖各率子弟。俱會於閼川岸上。議曰。我輩上無君主

東國輿地勝覽福作德註氷疑冰訛

勝覽漢岐作漢祇

勝覽旀作於

註開下疑口

臨理蒸民。民皆放逸。自從所欲。盍覔有德人●爲之君主●立邦設都乎。於是乘高南望。楊山下蘿井傍。異氣如電光垂地。有一白馬跪拜之狀。尋撿之。有一紫卵。一云青大卵 馬見人長嘶上天。剖其卵得童男。形儀端美。驚異之。浴於東泉。東泉寺在詞腦野北 身生光彩。鳥獸率舞。天地振動。日月淸明。因名赫居世王。蓋鄕言也。或作弗矩内王。言光明理世也。說者云。是西述聖母之所誕也。故中華人讃仙桃聖母。有娠賢肇邦之語是也。乃至雞龍現瑞産閼英。又焉知非西述聖母之所現耶。位號曰居瑟邯。或作居西干。初開口之時。自稱云。閼智居西干一起因其言稱之。自後爲王者之尊稱。 時人爭賀曰。今天子已降。宜覔有德女君配之。是日沙梁里閼英井一作娥利英井 邊有雞龍現。而左脇誕生童女。一云龍現死。而剖其腹得之。 姿容殊麗。然而唇似雞觜。將浴於月城北川。其觜撥落。因名其川曰撥川。營宮室於南山西麓。今昌林寺 奉養二聖兒。男以卵生。卵如瓠。鄕人以瓠爲朴。故因姓朴。女以所出井名。名之二聖。年至十三歲。以五鳳元年甲子。男立爲王。仍以女爲后。國號徐羅伐。又徐伐。今俗訓京字云徐伐。以此故也。 或云斯羅。又斯盧。初王生於雞井。故或云雞林國。以其雞龍現瑞也。一說。脫解王時得金閼智。而雞鳴於林中。乃改國號爲雞林。後世遂定新羅之號。理國六十一年。王升于天七日。後遺體散落于地。后亦云亡。國人欲合而葬之。有大蛇逐禁。各葬五體爲五陵。亦名蛇陵。曇嚴寺北陵是也。大子南解王繼位。

第二南解王

南解居西干。亦云次次雄。是尊長之稱。唯此王稱之。父赫居世。母閼英夫人。妃雲帝夫人。一作雲梯、今迎日縣西有雲梯山聖母、祈旱有應。 前漢平帝元始四年甲子。卽位。御理二十一年。以地皇四年甲申崩。此

占傳疑古傳

王乃三皇之第一云。按三國史云。新羅稱王曰居西干。辰言王也。或云。呼貴人之稱。或曰。次次雄。或作慈充。金大問云。次次雄方言謂巫也。世人以巫事鬼神尙祭祀。故畏敬之。遂稱尊長者爲慈充。或云。尼師今。言謂齒理也。初南解王薨。子弩禮讓位於脫解。解云。吾聞聖智人多齒。乃試以餠噬之。占傳如此。或曰麻立干。(立一作袖)金大問云。麻立者。方言謂橛也。橛標准位而置。則王橛爲主。臣橛列於下。因以名之。史論曰。新羅稱居西干次次雄者一。尼師今者十六。麻立干者四。羅末名儒崔致遠作帝王年代曆。皆稱某王。不言居西干等。豈以其言鄙野不足稱之也。今記新羅事。具存方言亦宜矣。羅人凡追封者稱葛文王。未詳。

此王代樂浪國人來侵金城。不克而還。又天鳳五年戊寅。高麗之裨屬七國來投。

第三弩禮王

朴弩禮尼叱今。(一作儒禮王)初王與妹夫脫解讓位。脫解云。凡有德者多齒。宜以齒理試之。乃咬餠驗之。王齒多。故先立。因名尼叱今。尼叱今之稱自此王始。劉聖公更始元年癸未。卽位。(年表云。甲申卽位。)改定六部號。仍賜六姓。始作兜率歌。有嗟辭詞腦格。始製黎耜及藏氷庫。作車乘。建虎十八年。伐伊西國滅之。是年。高麗兵來侵。

第四脫解王

脫解齒叱今。(一作吐解尼師今)南解王時。(古本云壬寅年至者謬矣。近則後於弩禮卽位之初。無爭讓之事。前則在於赫居之世。故知壬寅非也。)駕洛國海中有船來泊。其國首露王與臣民鼓譟而迎。將欲留之。而舡乃飛走。至於雞林東下西知村阿珍浦。(今有上西知。下西

羅紀櫃作櫝以下倣此

棟疑揀訛

娉聘通

勝覽治作冶

爲疑焉訛

知村名。時浦邊有一嫗。名阿珍義先。乃赫居王之海尺之母。望之謂曰。此海中元無石嵒。何因鵲集而鳴。拏舡尋之。鵲集一舡上。舡中有一櫝子。長二十尺。廣十三尺。曳其船置於一樹林下。而未知凶乎吉乎。向天而誓爾。俄而乃開見。有端正男子。并七寶奴婢滿載其中。供給七日。迺言曰。我本龍城國人。(亦云正明國。或云琓夏國。琓夏或作花厦國。龍城在倭東北一千里。)我國嘗有二十八龍王。從人胎而生。自五歲六歲繼登王位。敎萬民修正性命。而有八品姓骨。然無棟擇。皆登大位。時我父王含達婆娉積女國王女爲妃。久無子胤。禱祀求息。七年後產一大卵。於是大王會問群臣。人而生卵。古今未有。殆非吉祥。乃造櫝置我。并七寶奴婢載於舡中。浮海而祝曰。任到有緣之地。立國成家。便有赤龍。護舡而至此矣。言訖。其童子曳杖率二奴。登吐含山上作石塚。留七日。望城中可居之地。見一峯如三日月。勢可久之地。乃下尋之。卽瓠公宅也。乃設詭計。潛埋礪炭於其側。詰朝至門云。此是吾祖代家屋。瓠公云否。爭訟不決。乃告于官。官曰。以何驗是汝家。童曰。我本治匠。乍出隣鄕。而人取居之。請掘地檢看。從之。果得礪炭。乃取而居爲。時南解王知脫解是智人。以長公主妻之。是爲阿尼夫人。一日吐解登東岳。廻程次令白衣索水飮之。白衣汲水。中路先嘗而進。其角盃貼於口不解。因而嘖之。白衣誓曰。爾後若近遙不敢先嘗。然後乃解。自此白衣讋服。不敢欺罔。今東岳中有一井。俗云遙乃井是也。及弩禮王崩。以光虎帝中元二年丁巳六月。乃登王位。以昔是吾家取他人家故。因姓昔氏。或云。因鵲開櫝。故去鳥字姓昔氏。解櫝脫卵而生。故因名脫解。在位二十

云上疑一

土疑王

三年。建初四年己卯崩。葬疏川丘中。後有神詔。愼埋葬我骨。其髑髏周三尺二寸。身骨長九尺七寸。齒凝如一。骨節皆連瑣。所謂天下無敵力士之骨。碎爲塑像。安闕內。神又報云。我骨置於東岳。故令安之。(一云。崩後二十七世文虎王代。調露二年庚辰三月十五日辛酉。夜見夢於大宗。有老人貌甚威猛。曰我是脫解也。拔我骨於疏川丘。塑像安於工含山。王從其言。故至今國祀不絕。卽東岳神也云。)

金閼智 脫解王代

永平三年庚申。(□云中元六年。誤矣。中元盡二年而已。)八月四日。瓠公夜行月城西里。見大光明於始林中。(一作鳩林)有紫雲從天垂地。雲中有黃金樻●掛於樹枝。光自樻出。亦有白雞鳴於樹下。以狀聞於王。駕幸其林。開樻有童男。臥而卽起。如赫居世之故事。故因其言●以閼智名之。閼智卽鄕言小兒之稱也。抱載還闕。鳥獸相隨。喜躍蹌蹌。土擇吉日。冊位太子。後讓故婆娑。不卽王位。因金樻而出。乃姓金氏。閼智生熱漢。漢生阿都。都生首留。留生郁部。部生俱道。(一作仇刀)道生未鄒。鄒卽王位。新羅金氏自閼智始。

延烏郞 細烏女

第八阿達羅王卽位四年丁酉。東海濱有延烏郞細烏女。夫婦而居。一日延烏歸海採藻。忽有一巖(一云一魚)負歸日本。國人見之曰。此非常人也。乃立爲王。(按日本帝記。前後無新羅人爲王者。此乃邊邑小王。而非眞王也。)細烏恠夫不來歸尋之。見夫脫鞋。亦上其巖。巖亦負歸如前。其國人驚訝。奏獻於王。夫婦相會。立爲貴妃。是時新羅日月無光。日者奏云。日月之精●降在我國。今去日本。故致斯怪。王

始始疑衍其一

遣使求二人。延烏曰。我到此國●天使然也。今何歸乎。雖然朕之妃有所織細綃。以此祭天可矣。仍賜其綃。使人來奏。依其言而祭之。然後日月如舊。藏其綃於御庫爲國寶。名其庫爲貴妃祭天所。名迎日縣。又都祈野。

未鄒王　竹葉軍

第十三未鄒尼叱今。（一作未祖。又未古。）金閼智七世孫赫世紫纓仍有聖德。受禪于理解始登王位。（今俗稱王之陵爲始祖堂。蓋以金始始登王位。故後代金氏諸王皆以未鄒爲始祖。宜矣。）在位二十三年而崩。陵在興輪寺東。第十四儒理王代。伊西國人來攻金城。我大擧防禦。久不能抗。忽有異兵來助。皆珥竹葉。與我軍幷力擊賊破之。軍退後不知所歸。但見竹葉積於未鄒陵前。乃知先王陰隲有功。因呼竹現陵。越三十七世惠恭王代。大曆十四年己未四月。忽有旋風●從庾信公塚起。中有一人乘駿馬如將軍儀狀。亦有衣甲器仗者四十許人●隨從而來。入於竹現陵。俄而陵中似有振動哭泣聲。或如告訴之音。其言曰。臣平生有輔時救難匡合之功。今爲魂魄鎭護邦國。攘災救患之心暫無渝改。往者庚戌年。臣之子孫無罪被誅。君臣不念我之功烈。臣欲遠移他所。不復勞勤。願王允之。王答曰。惟我與公不護此邦。其如民庶何。公復努力如前。三請三不許。旋風乃還。王聞之懼。乃遣工臣金敬信●就金公陵謝過焉。爲公立功德寶田三十結于鷲仙寺。以資冥福。寺乃金公討平壤後●植福所置故也、非未鄒之靈●無以遏金公之怒。王之護國不爲不大矣。是以邦人懷德。與三山同祀而不墜。躋秩于五陵之上。稱大廟云。

本傳金作朴

門疑聞凋損走武闕畫以下倣此

主疑王訛

奈勿王一作那密王 金堤上

第十七那密王卽位三十六年庚寅•倭王遣使來朝曰。寡君聞大王之神聖。使臣等以告百濟之罪於大王也。願大王遣一王子表誠心於寡君也。於是王使第三子美海一作未吐喜以聘於倭。美海年十歲。言辭動止猶未備具。故以內臣朴娑覽爲副使而遣之。倭王留而不送三十年。至訥祇王卽位三年己未。句麗長壽王遣使來朝云。寡君聞大王之弟寶海秀智才藝。願與相親。特遣小臣懇請。王門之幸甚。因此和通。命其弟寶海。道於句麗。以內臣金走謁爲輔而送之。長壽王又留而不送。至十年乙丑。王召集群臣及國中豪俠。親賜御宴。進酒三行。衆樂初作。王垂涕而謂群臣曰。昔我聖考誠心民事。故使愛子東聘於倭。不見而崩。又朕卽位已來。隣兵甚熾。戰爭不息。句麗獨有結親之言。朕信其言。以其親弟聘於句麗。句麗亦留而不送。朕雖處富貴。而未嘗一日暫忘而不哭。若得見二弟。共謝於先主之廟。則能報恩於國人。誰能成其謀策。時百官咸奏曰。此事固非易也。必有智勇方可。臣等以爲歃羅郡大守堤上可也。於是王召問焉。堤上再拜對曰。臣聞主憂臣辱。主辱臣死。若論難易而後行•謂之不忠。圖死生而後動•謂之無勇。臣雖不肖。願受命行矣。王甚嘉之。分觴而飲。握手而別。堤上簾前受命。徑趨北海之路。變服入句麗。進於寶海所。共謀逸期。先以五月十五日歸。泊於高城水口而待。期日將至。寶海稱病。數日不朝。乃夜中逃出。行到高城海濱。王知之。使數十人追之。至高城而及之。然寶海在句麗。常施恩於左右。故其軍士憫傷之。皆拔箭鏃而射

栗浦乃蔚州之地蔚州今慶尙道蔚山府栗浦故地今未詳蓋蔚山府沿海之地

則下之恐足誤

痛疑瘡訛

之。遂免而歸。王旣見寶海。益思美海。一欣一悲。垂涙而謂左右曰。如一身有一臂一面一眼。雖得一而亡一。何敢不痛乎。時堤上聞此言。再拜辭朝而騎馬。不入家而行。直至於栗浦之濱。其妻聞之。走馬追至栗浦。見其夫已在舡上矣。妻呼之切懇。堤上但搖手而不駐。行至倭國。詐言曰。雞林王以不罪殺我父兄。故逃來至此矣。倭王信之。賜室家而安之。時堤上常陪美海遊海濱。逐捕魚鳥。以其所獲每献於倭王。王甚喜之而無疑焉。適曉霧濛晦。堤上曰。可行矣。美海曰。然則偕行。堤上曰。臣若行。恐倭人覺而追之。願臣留而止其追也。美海曰。今我與汝如父兄焉。何得弃汝而獨歸。堤上曰。臣能救公之命。而慰大王之情則足矣。何願生乎。取酒献美海。時雞林人康仇麗在倭國。以其人從而送之。堤上入美海房。至於明旦。左右欲入見之。堤上出止之曰。昨日馳走於捕獵。病甚未起。及乎日昃。左右恠之而更問焉。對曰。美海行已久矣。左右奔告於王。王使騎兵逐之。不及。於是囚堤上問曰。汝何竊遣汝國王子耶。對曰。臣是雞林之臣。非倭國之臣。今欲成吾君之志耳。何敢言於君乎。倭王怒曰。今汝已爲我臣。而言雞林之臣。則必具五刑。若言倭國之臣者。必賞重祿。對曰。寧爲雞林之犬豘。不爲倭國之臣子。寧受雞林之箠楚。不受倭國之爵祿。王怒。命屠剝堤上脚下之皮。刈蒹葭使趨其上。今蒹葭上有血痛。俗云堤上之血。更問曰汝何國臣乎。曰雞林之臣也。又使立於熱鐵上。問何國之臣乎。曰。雞林之臣也。倭王知不可屈。燒殺於木島中。美海渡海而來。使康仇麗先告於國中。王驚喜。命百官迎於屈歇驛。王與親弟寶海迎於南郊。入闕設宴。

大赦國內。冊其妻爲國大夫人。以其女子爲美海公夫人。議者曰。昔漢臣周苛在滎陽。爲楚兵所虜。項羽謂周苛曰。汝爲我臣。封爲萬祿侯。周苛罵而不屈。爲楚王所殺。堤上之忠烈●無恠於周苛矣。初堤上之發去也。夫人聞之追不及。及至望德寺門南。沙上放臥長號。因名其沙曰長沙。親戚二人●扶腋將還。夫人舒脚。坐不起。名其地曰伐知旨。久後夫人不勝其慕。率三娘子上鵄述嶺。望倭國痛哭而終。仍爲鵄述神母。今祠堂存焉。

第十八實聖王

義熙九年癸丑。平壤州大橋成。(恐南平壤也。今楊州。)王忌憚前王太子訥祇有德望。將害之。請高麗兵而詐迎訥祇。高麗人見訥祇有賢行。乃倒戈而殺王。乃立訥祇爲王而去。

射琴匣

第二十一毗處王(一作炤知王)卽位十年戊辰。幸於天泉亭。時有烏與鼠來鳴。鼠作人語云。此烏去處尋之。(或云。神德王欲行香興輪寺。路見衆鼠含尾。恠之而還占之。明日先鳴烏尋之云云。此說非也。)王命騎士追之。南至避村。(今壤避寺村在南山東麓)兩猪相鬪。留連見之。忽失烏所在。徘徊路傍。時有老翁自池中出奉書。外面題云。開見二人死。不開一人死。使來獻之。王曰。與其二人死。莫若不開但一人死耳。日官奏云。二人者庶民也。一人者王也。王然之開見。書中云射琴匣。王入宮見琴匣射之。乃內殿焚。修僧與宮主潛通而爲姧也。二人伏誅。自爾國俗每正月上亥上子上午等日。忌愼百事。不敢動作。以十六日爲烏忌之日。以糯飯祭之。至今行之。俚言怛忉。言悲愁而禁忌百事也。命其池曰書出池。

腋掖音通

原本終作絡今據勝覽改

原本爲姧作所姧今據勝覽改

今溟州當作今江陵府本高句麗州新羅景德王十六年改溟州高麗太祖十九年號東京成宗二年稱河西府後改溟州爲府又牧元宗元年爲慶興府忠烈王三十四年改陵府今江原道府以下倣此
喰疑飡訛
朴伊宗本傳作姓金氏

智哲老王

第二十二智哲老王。姓金氏。名智大路。又智度路。諡曰智澄。諡號始于此。又鄉稱王爲麻立干者。自此王始。王以永元二年庚辰卽位。(或云辛巳。則三年也。)王陰長一尺五寸。難於嘉耦。發使三道求之。使至牟梁部。冬老樹下見二狗嚙一屎塊如鼓大。爭嚙其兩端。訪於里人。有一小女告云。此部相公之女子洗澣于此。隱林而所遺也。尋其家檢之。身長七尺五寸。具事奏聞。王遣車邀入宮中。封爲皇后。群臣皆賀。 又阿瑟羅州(今溟州)東海中。便風二日程有于陵島。(今作羽陵)周廻二萬六千七百三十步。島夷恃其水深。憍慠不臣。王命伊喰朴伊宗將兵討之。宗作木偶獅子。載於大艦之上。威之云。不降則放此獸。島夷畏而降。賞伊宗爲州伯。

眞興王

第二十四眞興王。卽位時年十五歲。太后攝政。太后乃法興王之女子。立宗葛文王之妃。終時削髮被法衣而逝。承聖三年九月。百濟兵來侵於珍城。掠取人男女三萬九千。馬八千匹而去。先是。百濟欲與新羅合兵謀伐高麗。眞興曰。國之興亡在天。若天未厭高麗。則我何敢望焉。乃以此言通高麗。高麗感其言。與羅通好。而百濟怨之。故來爾。

桃花女 鼻荊郎

第二十五舍輪王。諡眞智大王。姓金氏。妃起烏公之女。知刀夫人。大建八年丙申卽位。(古本云十一年己亥。誤矣。)御國四年。政亂荒婬。國人廢之。前此。沙梁部之庶女。姿容艶美。時號桃花娘。

王聞而召致宮中。欲幸之。女曰。女之所守•不事二夫。有夫而適他。雖萬乘之威•終不奪也。王曰。殺之何。女曰。寧斬于市。有願靡他。王戲曰。無夫則可乎。曰可。王放而遣之。是年。王見廢而崩。後二年其夫亦死。浹旬忽夜中王如平昔來於女房曰。汝昔有諾。今無汝夫可乎。女不輕諾。告於父母。父母曰。君王之敎•何以避之。以其女入於房。留御七日。常有五色雲覆屋。香氣滿室。七日後忽然無蹤。女因而有娠。月滿將產。天地振動。產得一男。名曰鼻荊。眞平大王聞其殊異。收養宮中。年至十五。授差執事。每夜逃去遠遊。王使勇士五十人守之。每飛過月城。西去荒川岸上。(在京城西)率鬼衆遊。勇士伏林中。窺伺鬼衆。聞諸寺曉鐘各散。郎亦歸矣。軍士以事來奏。王召鼻荊曰。汝領鬼遊信乎。郎曰然。王曰。然則汝使鬼衆成橋於神元寺北渠。(一作神衆寺誤。一云荒川東深渠。)一荊奉勅。使其徒鍊石•成大橋於一夜。故名鬼橋。王又問。鬼衆之中•有出現人間•輔朝政者乎。曰有。吉達者可輔國政。王曰與來。翌日荊與俱見。賜爵執事。果忠直無雙。時角干林宗無子。王勅爲嗣子。林宗命吉達創樓門於興輪寺南。每夜去宿其門上。故名吉達門。一日吉達變狐而遁去。荊使鬼捉而殺之。故其衆聞鼻荊之名。怖畏而走。時人作詞曰。

聖帝魂生子。鼻荊郎室亭。飛馳諸鬼衆。此處莫留停。

鄕俗帖此詞以辟鬼。

天賜玉帶

(清泰四年丁酉五月。正承金傅獻鐫金粧玉排方腰帶一條長十圍。鐫銙六十二。曰。是眞平王天賜帶也。太祖受之。藏之內庫。)

第二十六白淨王。謚眞平大王。金氏。大建十一年己亥八月卽位。身長十一尺。駕幸內帝釋

牧牡音通

廟妙音通以下倣此

問聞音通

其疑某訛

知下疑花

宮。（亦名天柱寺。王之所創。）踏石梯。三石並折。王謂左右曰。不動此石。以示後來。卽城中五不動石之一也。卽位元年。有天使降於殿庭。謂王曰。上皇命我傳賜玉帶。王親奉跪受。然後其使上天。凡郊廟大祀皆服之。後高麗王將謀伐羅。乃曰。新羅有三寶不可犯。何謂也。皇龍寺丈六尊像一。其寺九層塔二。眞平王天賜玉帶三也。乃止其謀。讚曰。　雲外天頒玉帶圍。辟雍龍袞雅相宜。吾君自此身彌重。准擬明朝鐵作墀。

善德王知幾三事

第二十七德曼。（一作万）謚善德女大王。姓金氏。父眞平王。以貞觀六年壬辰卽位。御國十六年。凡知幾有三事。初唐太宗送牧丹三色。紅紫白以其實三升。王見畫花曰。此花定無香。仍命種於庭。待其開落。果如其言。二。於靈廟寺玉門池。冬月衆蛙集鳴三四日。國人怪之問於王。王急命角干閼川弼呑等。鍊精兵二千人。速去西郊。問女根谷必有賊兵。掩取殺之。二角干旣受命。各率千人問西郊。富山下果有女根谷百濟兵五百人、來藏於彼。並取殺之。百濟將軍亐召者藏於南山嶺石上。又圍而射之殪。又有後兵一千二百人來。亦擊而殺之。一無孑遺。三。王無恙時。謂群臣曰。朕死於其年某月日。葬我於忉利天中。群臣罔知其處。奏云何所。王曰。狼山南也。至其月日王果崩。群臣葬於狼山之陽。後十餘年文虎大王創四天王寺於王墳之下。佛經云。四天王天之上有忉利天。乃知大王之靈聖也。當時群臣啓於王曰。何知□蛙二事之然乎。王曰。畫花而無蝶。知其無香。斯乃唐帝欺寡人之無耦也。蛙有怒形

一疑三誤

原本運作軍今據唐書改 現顯音通 原本萬作方盖万訛今據唐書改

兵士之像。玉門者女根也。女爲陰也。其色白。白西方也。故知兵在西方。男根入於女根則必死矣、以是知其易捉。於是群臣皆服其聖智。送花一色者。盖知新羅有三女王而然耶。謂善德眞德眞聖是也。唐帝以有懸解之明。善德之創靈廟寺。具載良志師傳詳之。別記云。是王代。錬石築瞻星臺。

眞德王

第二十八眞德女王。卽位自製大平歌。織錦爲紋。命使往唐獻之。一本命春秋公爲使。獨仍請兵。太宗嘉之。許蘇廷方云云者。皆謬矣。現慶前春秋已登位。現慶庚申非太宗。乃高宗之世。定方之來。在現慶庚申。故知織錦爲紋。非請兵時也。在眞德之世。當矣。盖請放金欽純之時也。唐帝嘉賞之。改封爲雞林國王。其詞曰。大唐開洪業。巍々皇猷昌。止戈戎威定、修文契百王。統天崇雨施。理物體含章。深仁諧日月。抚運邁虞唐。幡旗何赫々。錚皷何鍠々。外夷違命者。剪覆被天殃。淳風凝幽現。遐邇競呈祥。四時和玉燭。七曜巡万方。維嶽降輔宰。維帝任忠良。五三成一德。昭我唐家皇。　王之代有閼川公●林宗公●述宗公●虎林公●慈藏之父廉長公●庾信公。會于南山亐知巖議國事　時有大虎走入座間。諸公驚起。而閼川公畧不移動。談笑自若。捉虎尾撲於地而殺之。閼川公膂力如此。處於席首。然諸公皆服庾信之威。新羅有四靈地。將議大事。則大臣必會其地謀之。則其事必成。一東曰青松山。二曰南亐知山。三曰西皮田。四曰北金剛山。是王代始行正旦禮。始行侍郎號。

金庾信

士疑七訛

虎力伊干之子舒玄角干金氏之長子曰庾信。弟曰欽純。姊妹。曰寶姬●小名阿海。妹曰文姬●小名阿之。庾信公以眞平王十七年乙卯生。稟精七曜。故背有士星文。又多神異。年至十八壬申。修劒得術爲國仙。時有白石者。不知其所自來。屬於徒中有年。郎以伐麗濟之事。日夜深謀。白石知其謀。告於郎曰。僕請與公密先探於彼。然後圖之何如。郎喜。親率白石夜出行。方憩於峴上。有二女隨郎而行。至骨火川留宿。又有一女忽然而至。公與三娘子喜話之時。娘等以美菓餽之。郎受而啖之。心諾相許。乃說其情。娘等告云。公之所言已聞命矣。願公謝白石共入林中。更陳情實。乃與俱入。娘等便現神形曰。我等奈林穴禮骨火等三所護國之神今敵國之人誘郎引之。郎不知而進。途我欲留郎而至此矣。言訖而隱。公聞之驚仆。再拜而出。宿於骨火舘。謂白石曰。今歸他國忘其要文。請與爾還家取來。遂與還至家。拷縛白石而問其情。曰。我本高麗人。(古本云百濟。誤矣。楸南乃高麗之士。又逆行陰陽亦是寶藏王事。)我國群臣曰。新羅庾信是我國卜筮之士楸南也。(古本作春南。誤矣。)國界有逆流之水。(或云雄雌。尤反覆之事。)使其卜之。奏曰。大王夫人逆行陰陽之道其瑞如此。大王驚怪。而王妃大怒。謂是妖狐之語。告於王。更以他事驗問之。失言則加重刑。乃以一鼠藏於合中。問是何物。其人奏曰。是必鼠。其命有八。乃以謂失言。將加斬罪。其人誓曰。吾死之後。願爲大將必滅高麗矣。卽斬之。剖鼠腹而視之。其命有七。於是知前言有中。其日夜大王夢楸南入于新羅舒玄公夫人之懷。以告於群臣。皆曰。楸南誓心而死。是其果然。故遣我至此謀之爾。公乃刑白石。備百味祀三神。皆現身受奠。金氏宗財買夫人

至下疑脫第

因疑固訛

餘疑候省

死。葬於靑淵上谷。因名財買谷。每年春月。一宗士女會宴於其谷之南澗。于時百卉敷榮。松花滿洞府。林谷口架築爲庵。因名松花房。傳爲願刹。至五十四景明王。追封公爲興虎大王。陵在西山毛只寺之北東向走峰。

太宗春秋公

第二十九太宗大王。名春秋。姓金氏。龍樹(一作龍春)角干追封文興大王之子也。妣眞平大王之女天明夫人。妃文明皇后文姬。卽庾信公之季妹也。初文姬之姉寶姬。夢登西岳捨溺。瀰滿京城。旦與妹說夢。文姬聞之謂曰。我買此夢。姉曰。與何物乎。曰。鬻錦裙可乎。姉曰諾。妹開襟受之。姉曰。疇昔之夢傳付於汝。妹以錦裙酬之。後旬日庾信與春秋公。正月午忌日(見上射琴匣事。乃崔致遠之說。)蹴鞠于庾信宅前。(羅人謂蹴鞠爲弄珠之戲)故踏春秋之裙。裂其襟紐曰。請入吾家縫之。公從之庾信命阿海奉針。海曰。豈以細事輕近貴公子乎。因辭。(古本云因病不進。)乃命阿之。公知庾信之意遂幸之。自後數數來往。庾信知其有娠。乃嘖之曰。爾不告父母而有娠。何也。乃宣於國中。欲焚其妹。一日。俟善德王遊幸南山。積薪庭中。焚火烟起。王望之問何烟。左右奏曰。殆庾信之焚妹也。王問其故。曰。爲其妹無夫有娠。王曰。是誰所爲。時公昵侍在前。顔色大變。王曰。是汝所爲也。速往救之。公受命馳馬。傳宣沮之。自後現行婚禮。眞德王薨。以永徽五年甲寅卽位。御國八年。龍朔元年辛酉崩。壽五十九歲。葬於哀公寺東。有碑。王與庾信神謀戮力。一統三韓有大功於社稷。故廟號太宗。太子法敏•角干仁問•角干文王•角干老旦•

日據濟紀補

角干智鏡•角干愷元等。皆文姬之所出也。當時買夢之徵現於此矣。庶子曰皆知文級干車得令公馬得阿干。幷女五人。王膳一日飯米三斗•雄雉九首。自庚申年滅百濟後。除晝饍。但朝暮而已。然計一日米六斗•酒六斗•雉十首。城中市價。布一匹租三十碩•或五十碩。民謂之聖代。在東宮時。欲征高麗。因請兵入唐。唐帝賞其風彩。謂爲神聖之人。固留侍衛。力請乃還。

時百濟末王義慈乃虎王之元子也。雄猛有膽氣。事親以孝。友于兄弟。時號海東曾子。以貞觀十五年辛丑卽位。耽婬酒色。政荒國危。佐平(百濟爵名)成忠極諫不聽。囚於獄中。瘦困濱死。書曰。忠臣死不忘君。願一言而死。臣嘗觀時變。必有兵革之事。凡用兵。審擇其地。處上流而迎敵。可以保全。若異國兵來。陸路不使過炭峴。(一云沈峴。百濟要害之地。)水軍不使入伎伐浦。(卽長嵓。又孫梁。一作只火浦。又白江。)據其險隘以禦之。然後可也。王不省。現慶四年己未。百濟烏會寺(亦云烏合寺)有大赤馬。晝夜六時遶寺行道。二月。衆狐入義慈宮中。一白狐坐佐平書案上。四月。太子宮雌雞與小雀交婚。五月。泗沘(扶餘江名)岸大魚出死。長三丈。人食之者皆死。九月。宮中槐樹鳴如人哭。夜鬼哭宮南路上。五年庚申春二月。王都井水血色。西海邊小魚出死。百姓食之不盡。泗沘水血色。四月。蝦蟇數萬集於樹上。王都市人無故驚走。如有捕捉。驚仆死者百餘。亡失財物者無數。六月。王興寺僧皆見如舡揖隨大水入寺門。有大犬如野鹿。自西至泗沘岸。向王宮吠之。俄不知所之。城中群犬集於路上。或吠或哭。移時而散。有一鬼入宮中。大呼曰。百濟亡百濟亡。卽入地。王恠之。使人掘地。深三尺許。有一龜。其背有文。(曰)百濟圓月輪。新羅如新月。

新據濟紀補

預豫音通

何上之何下
與據濟紀補

津口濟紀作熊津
熊津本百濟熊川
新羅置熊津府神
文王爲熊川州景
德王改熊州高麗

問之。巫者云。圓月輪者滿也。滿則虧。如新月者未滿也。未滿則漸盈。王怒殺之。或曰。圓
月輪盛也。如新月者微也。意者國家盛而新羅寖微乎。王喜。太宗聞百濟國中多恠變。五年
庚申。遣使仁問請兵唐。高宗詔左虎衞大將軍荊國公蘇定方爲神丘道行策摠管。率左衞將軍
劉伯英字仁遠・左虎衞將軍馮士貴・左驍衞將軍龐孝公等。統十三萬兵來征。鄕記云。軍十二萬二千七百十一人。舡一
千九百隻。而唐史不詳言之。以新羅王春秋爲嵎夷道行軍摠管。將其國兵。與之合勢。定方引兵自城山濟海。
至國西德勿島。(新)羅王遣將軍金庾信領精兵五萬以赴之。義慈王聞之。會群臣問戰守之計。
佐平義直進曰。唐兵遠涉溟海不習水。羅人恃大國之援。有輕敵之心。若見唐人失利。必疑
懼而不敢銳進。故知先與唐人決戰可也。達率常永等曰不然。唐兵遠來。意欲速戰。其鋒不可
當也。羅人屢見敗於我軍。今望我兵。勢不得不恐。今日之計。宜塞唐人之路・以待師老。
先使偏師擊羅折其銳氣。然後伺其便而合戰。則可得全軍而保國矣。王猶預不知所從。時佐
平興首得罪流竄于古馬旀知之縣。遣人問之曰。事急矣。如(之)何。(與)首曰。大槩如佐平成忠
之說。大臣等不信。曰興首在縲絏之中。怨君而不愛國矣。其言不可用也。莫若使唐兵入白
江。卽伎伐浦沿流而不得方舟。羅軍升炭峴。由徑而不得並馬。當此之時。縱兵擊之。如在籠之雞・
罹網之魚也。王曰然。又聞唐羅兵已過白江炭峴。遣將軍偕伯帥死士五千出黃山。與羅兵戰。
四合皆勝之。然兵寡力盡竟敗。而偕伯死之。進軍合兵。薄津口。瀕江屯兵。忽有鳥廻翔於
定方營上。使人卜之。曰必傷元帥。定方懼欲引兵而止。庾信謂定方曰。豈可以飛鳥之恠違

太祖二十三年稱
公州今忠淸道州
原本左作尤今據
濟紀訂
原本乘作垂今據
濟紀改
軸轤舳艫音通

原本超作起今據
濟紀改

原本敦作敢今據
唐書改

天時也。應天順人。伐至不仁。何不祥之有。乃拔神釼擬其鳥。割裂而墜於座前。於是定方
出左涯。乘山而陣。與之戰。百濟軍大敗。王師乘潮。軸轤含尾。皷譟而進。定方將步騎。
直趨都城。一舍止。城中悉軍拒之。又敗死者萬餘。唐人乘勝薄城。王知不免。嘆曰。悔不
用成忠之言以至於此。遂與太子隆或作孝。誤也。走北鄙。定方圍其城。王次子泰自立爲王。率衆固
守。太子之子文思謂王泰曰。王與太子出。而叔擅爲王。若唐兵解去。我等安得全。率左右
縋而出。民皆從之。泰不能止。定方令士超堞立唐旗幟。泰窘迫。乃開門請命。於是王及太
子隆•王子泰•大臣貞福•與諸城皆降。定方以王義慈•及太子隆•王子泰•王子演• 及大臣將士
八十八人• 百姓一萬二千八百七人送京師。其國本有五部•三十七郡•二百城• 七十六萬戶。
至是析置熊津•馬韓•東明•金漣•德安等五都督府。擢渠長爲都督刺史以理之。命郎將劉仁願
守都城。又左衛郎將王文度爲熊津都督。撫其餘衆。定方以所俘見上。責而宥之。王病死。
贈金紫光祿大夫衛尉卿。許舊臣赴臨。詔葬孫皓陳叔寶墓側。竝爲竪碑。七年壬戌。命定方
爲潦東道行軍大摠管。俄攻平壤道。破高麗之衆於浿江。奪馬邑山爲營。遂圍平壤城。會大
雪解圍還。拜凉州安集大使。以定吐蕃。乾封二年卒。唐帝悼之。贈左驍騎大將軍幽州都督。
謚曰莊。已上唐史文 新羅別記云。文虎王卽位五年乙丑秋八月庚子。王親統大兵幸熊津城。會假王
扶餘隆作壇。刑白馬而盟。先祀天神及山川之靈。然後歃血。爲文而盟曰。往者百濟先王迷
於逆順。不敦隣好。不睦親姻。結托句麗。交通倭國。共爲殘暴。侵削新羅。破邑屠城。畧

無寧歲。天子憫一物之失所。憐百姓之被毒。頻命行人。諭其和好。負險恃遠。侮慢天經。
皇赫斯怒。恭行吊伐。旌旗所指。一戎大定。固可潴宮汚宅。作誡來裔。塞源拔本。垂訓後
昆。懷柔伐叛。先王之令典。興亡繼絕。往哲之通規。事心師古。傳諸曩冊。故立前百濟王司
(稼)正卿扶餘隆爲熊津都督。守其祭祀。保其桑梓。依倚新羅。長爲與國。各除宿憾。結好和
親。恭承詔命。永爲藩服。仍遣使人右威衛將軍魯城縣公劉仁願。親臨勸諭。具宣成旨。約
之以婚姻。申之以盟誓。刑牲歃血。共敦終始。分災恤患。恩如兄弟。祗奉綸言。不敢墜失。
既盟之後。共保歲寒。若有乖背。二三其德。興兵動衆。侵犯邊陲。神明鑒之。百殃是降。
子孫不育。社稷無守。禋祀磨滅。罔有遺餘。故作金書鐵契。藏之宗廟。子孫萬代。無或敢
犯。神之聽之。是享是福。歃訖。埋幣帛於壇之壬地。藏盟文於大廟。盟文乃帶方都督劉仁
軌作。按上唐史之文。定方以義慈王及太子隆等送京師。今云會扶餘王隆。則知唐帝宥隆而遣之。立爲熊津都督也。故盟文明言。以此爲驗。又古記云。總章元年戊辰。若總章戊辰則李勣之事。而下文蘇定方誤矣。若定方則年號當龍朔二年壬戌來圍平壤之時也。國人之所請唐兵屯于平壤郊而通書曰。急輸軍資。王會群臣問
曰。入於敵國至唐兵屯所。其勢危矣。所請王師粮匱而不輸其料。亦不宜也。如何。庾信奏
曰。臣等能輸其軍資。請大王無慮。於是庾信仁問等率數萬人入句麗境。輸料二萬斛乃還。
王大喜。又欲興師會唐兵。庾信先遣然起兵川等二人問其會期。唐帥蘇定方紙畫鸞犢二物廻
之。國人未解其意。使問於元曉法師。解之曰。速還其兵。謂畫犢畫鸞二切也。於是庾信廻
軍。欲渡浿江。今日後渡者斬之。軍士爭先半渡。句麗兵來掠。殺其未渡者。翌日信返追句

稼據唐書補

原本守作宗今據唐書改

弊幣音通

未疑不訛

注復疑後

賤疑賊訛

注望人疑望之

麗兵。捕殺數萬級。百濟古記云。扶餘城北角有大岩。下臨江水。相傳云。義慈王與諸後宮知其未免。相謂曰。寧自盡。不死於他人手。相率至此。投江而死。故俗云墮死岩。斯乃俚諺之訛也。但宮人之墮死。義慈卒於唐。唐史有明文。又新羅古傳云。定方旣討麗濟二國。又謀伐新羅而留連。於是庾信知其謀。饗唐兵鴆之。皆死坑之。今尙州界有唐橋。是其坑地。按唐史。不言其所以死。但書云卒。何耶。爲復諱之耶。鄕諺之無據耶。若壬戌年高麗之役。羅人殺定方之師。則後總章戊辰何有請兵滅高麗之事。以此知鄕傳無據。但戊辰滅麗之後。有不臣之事。擅有其地而已。非至殺蘇李二公也。

王師定百濟。旣還之後。羅王命諸將追捕百濟殘賤。屯次于漢山城。高麗靺鞨二國兵來圍之。相擊未解。自五月十一日至六月二十二日。我兵甚危。王聞之。議群臣曰。計將何出。猶豫未決。庾信馳奏曰。事急矣。人力不可及。唯神術可救。乃於星浮山。設壇修神術。忽有光耀如大瓮。從壇上而出。乃星飛于北去。因此名星浮山。山名或有別說云。山在都材之南。秀出一峰是也。京城有一人謀求官。命其子作高炬。夜登此山擧之。其夜京師人望人皆謂。恠星現於其地。王聞之憂懼。募人禳之。其父將應之曰。官奏曰此非大恠也。但一家子死父泣之兆耳。遂不行禳法。是夜其子下山。虎傷而死。漢山城中士卒怨救兵不至。相視哭泣而已。賊欲攻急。忽有光耀。從南天際來。成霹靂。擊碎砲石三十餘所。賊軍弓箭矛戟籌碎皆仆地。良久乃蘇。奔潰而歸。我軍乃還。太宗初卽位。有献猪一頭二身八足者。議者曰。是必幷呑六合之瑞也。是王代始服中國衣冠牙笏。乃法師慈藏請唐帝而來傳也。神文王時。唐高宗遣使新羅曰。朕之聖考得賢臣魏徵李淳風等。恊心同德。一統天下。故爲太宗皇帝。汝新羅海外小國。有太宗之號。以僭天子之名。義在不忠。速改其號。新羅王上表曰。新羅雖小國。得聖臣金庾信。一統三國。故封爲太宗。帝見表乃思。儲貳時。有天唱空云。三

篇首疑脫標題紀異第二

封乾當作乾封

按至何當入本文唐書高宗紀契如何作契苾何力

十三天之一人降於新羅爲庾信。紀在於書。出撿視之。驚懼不已。更遣使許無改太宗之號。

長春郎 罷郎 一作罷

初與百濟兵戰於黃山之役。長春郎罷郎死於陣中。後討百濟時。見夢於太宗曰。臣等昔者爲國亡身。至於白骨。庶欲完護邦國。故隨從軍行無怠而已。然迫於唐帥定方之威。逐於人後爾。願王加我以小勢。大王驚怪之。爲二魂說經一日於牟山亭。又爲創壯義寺於漢山州。以資冥援。

三國遺事卷第一 終

三國遺事卷第二

文虎王法敏

王初卽位。龍朔辛酉。泗沘南海中有死女尸。身長七十三尺足長六尺。陰長三尺。或云身長十八尺。在封乾二年丁卯。

總章戊辰。王統兵。與仁問欽純等至平壤。會唐兵滅麗。唐帥李勣獲高臧王還國。王之性高。故云高臧。按唐書高記。現慶五年庚申。蘇定方等征百濟。後十二月大將軍契如何。爲浿道行軍大摠管。蘇定方爲遼東道大摠管。劉伯英爲平壤道大摠管。以伐高麗。又明年辛酉正月。蕭嗣業爲扶餘道摠管。任雅相爲浿江道摠管。率三十五萬軍

通鑑高臨作高侃
臨恐侃誤

興疑與訛

注大疑云

以伐高麗。八月甲戌。蘇定方等及高麗戰于浿江敗亡。乾封元年丙寅六月。以龐同善高臨薛
仁貴李謹行等爲後援。九月。龐同善及高麗戰敗之。十二月己酉。以李勣爲遼東道行臺大
摠管。率六摠管兵以伐高麗。總章元年戊辰九月癸巳。李勣獲高臧王。十二月丁巳獻俘于
帝。上元元年甲戌二月。劉仁軌爲雞林道摠管。以伐新羅。而鄕古記云。唐遣陸路將軍孔恭
水路將軍有相與新羅金庾信等滅之。而此云仁問欽純等無庾信。未詳。時唐之游兵諸將兵有
留鎭而將謀襲我者。王覺之。發兵之明年。高宗使召仁問等讓之曰。爾請我兵以滅麗。害之
何耶。乃下圓扉鍊兵五十萬。以薛邦爲帥。欲伐新羅。時義相師西學入唐來見仁問。仁問以
事諭之。相乃東還上聞。王甚憚之。會群臣問防禦策。角干金天尊奏曰。近有明朗法師入龍
宮。傳秘法而來。請詔問之。朗奏曰。狼山之南有神遊林。創四天王寺於其地。開設道場則
可矣。時有貞州使走報曰。唐兵無數至我境。廻槧海上。王召明朗曰。事已逼至如何。朗曰
以彩帛假搆宜矣。乃以彩帛營寺。草搆五方神像。以瑜珈明僧十二員。明朗爲上首。作文豆
婁秘密之法。時唐羅兵未交接。風濤怒起。唐舡皆沒於水。後改刱寺。名四天王寺。至今不
墜壇席。(國史大改叛在調露元年己卯)後年辛未。唐更遣趙憲爲帥。亦以五萬兵來征。又作其法。舡沒如前。是
時翰林郞朴文俊隨仁問在獄中。高宗召文俊曰。汝國有何密法。再發大兵無生還者。文俊奏
曰。陪臣等來於上國一十餘年。不知本國之事。但遙聞一事爾。厚荷上國之恩。一統三國。
欲報之德。新刱天王寺於狼山之南。祝皇壽萬年。長開法席而已。高宗聞之大悅。乃遣禮部

眞疑具

七下疑脫日

侍郞樂鵬龜使於羅審其寺。王先聞唐使將至。不宜見玆寺。乃別刱新寺於其南待之。使至曰。
必先行香於皇帝祝壽之所大王寺。乃引見新寺。其使立於門前曰。不是四天王寺。乃望德遙
山之寺。終不入。國人以金一千兩贈之。其使乃還奏曰。新羅刱天王寺。祝皇壽於新寺而已。
因唐使之言。因名望德寺。(或系孝昭王代。誤矣。)王聞文俊善奏●帝有寬赦之意。乃命强首先生作請放仁問
表。以舍人遠禹奏於唐。帝見表流涕。赦仁問慰送之。仁問在獄時。國人爲刱寺。名仁容寺。
開設觀音道場。及仁問來還。死於海上。改爲彌陁道場。至今猶存。大王御國二十一年以永
隆二年辛巳崩。遺詔葬於東海中大岩上。王平時常謂智義法師曰。朕身後願爲護國大龍。崇
奉佛法。守護邦家。法師曰。龍爲畜報何。王曰。我厭世間榮華久矣。若麤報爲畜。則雅合
朕懷矣。王初卽位置南山長倉。長五十步廣十五步。貯米穀兵器。是爲右倉。天恩寺西北山
上是爲左倉。別本云。建福八年辛亥築南山城。周二千八百五十步。則乃眞德王代始築。而
至此乃重修爾。又始築富山城。三年乃畢。安北河邊築鐵城。又欲築京師城郭。旣令眞吏。
時義相法師聞之。致書報云。王之政敎明。則雖丘草畫地而爲城。民不敢踰。可以潔災進福
政敎苟不明。則雖有長城。災害未消。王於是正罷其役。麟德三年丙寅三月十日。有人家婢
名吉伊●一乳生三子。總章三年庚午正月七。漢岐部一山級干一作成山阿干。婢一乳生四子。
一女三子。國給穀二百石以賞之。又伐高麗。以其國王孫还國。置之眞骨位。王一日召庶
弟車得公曰。汝爲冢宰。均理百官。平章四海。公曰。陛下若以小臣爲宰。則臣願潛行國內。

今忠州當作今原州北原京本高句麗平原郡新羅文武王置北原京高麗太祖二十三年改原州今江原道州也忠州本高句麗國原城一云末乙省新羅眞興王置小京景德王改中原京高麗太祖二十三年改忠州高宗四十一年爲國原京今忠清道州也今海陽百濟武珍州一云奴只新羅景德王十六年改武州後百濟甄萱改光州高麗成宗改海陽縣忠烈王時稱武珍州今全羅道光州也

家宰疑冢宰今下之疑之興疑與訛

喰疑飡

示民間徭役之勞逸•租賦之輕重•官吏之清濁。然後就職。王聽之。公著緇衣。把琵琶爲居士形。出京師。經由阿瑟羅州(今溟州)牛首州(今春州)北原京(今忠州)至於武珍州(今海陽)巡行里閈。州吏安吉見是異人。邀致其家。情盡供億。至夜安吉喚妻妾三人曰。今茲侍宿客居士者。終身偕老。二妻曰。寧不並居。何以於人同宿。其一妻曰。公若許終身並居。則承命矣。從之。詰旦居士欲辭行。時曰。僕京師人也。吾家在皇龍皇聖二寺之間。吾名端午也。(俗爲端午爲車衣)主人若到京師。尋訪吾家幸矣。遂行到京師居家宰。國之制每以外州之吏一人上守京中。諸曹注今之其人也。安吉當次上守至京師。問兩寺之間端午居士之家。人莫知者。安吉久立道左。有一老翁經過。聞其言良久佇思曰。二寺間一家殆大內也。端午者乃車得令公也。潛行外郡時。殆汝有緣契乎。安吉陳其實。老人曰。汝去宮城之西。歸正門。待宮女出入者告之。安吉從之。告武珍州安吉進於門矣。公聞而走出。携手入宮。喚出公之妃。與安吉共宴。具饌至五十味。聞於上。以星浮山(一作星損乎山)下爲武珍州上守燒木田。禁人樵採。人不敢近。內外欽羨之。山下有田三十畝。下種三石。此田稔歲。武珍州亦稔。否則亦否云。

萬波息笛

第三十一神文大王。諱政明。金氏。開耀元年辛巳七月七日卽位。爲聖考文武大王創感恩寺於東海邊。(寺中記云。文武王欲鎭倭兵。故始創此寺。未畢而崩。爲海龍。其子神文立。開耀二年畢。排金堂砌下東向開一穴。乃龍之入寺旋繞之備。蓋遺詔之藏骨處。名大王岩。寺名感恩寺。後見龍現形處。名利見臺。)明年壬午五月朔。(一本云天授元年。誤矣。)海官波珍喰朴夙清奏曰。東海中有小山浮來向感恩寺。隨波往來。

王異之。命日官金春質(一作春日)占之。曰。聖考今爲海龍鎭護三韓。抑又金公庾信乃三十三天之一子今降爲大臣。二聖同德。欲出守城之寶。若陛下行幸海邊。必得無價大寶。王喜。以其月七日駕幸利見臺。望其山。遣使審之。山勢如龜頭。上有一竿竹。晝爲二。夜合一。(一云。山亦晝夜開合如竹。)使來奏之。王御感恩寺宿。明日午時。竹合爲一。天地震動。風雨晦暗七日。至其月十六日風霽波平。王泛海入其山。有龍奉黑玉帶來獻。迎接共坐。問曰。此山與竹或判或合如何。龍曰。比如一手拍之無聲。二手拍則有聲。此竹之爲物。合之然後有聲。聖王以聲理天下之瑞也。王取此竹。作笛吹之。天下和平。今王考爲海中大龍。庾信復爲天神。二聖同心。出此無價大寶。令我献之。王驚喜。以五色錦彩金玉酬賽之。勅使斫竹出海時。山與龍忽隱不現。王宿感恩寺。十七日。到祇林寺西溪邊。留駕晝饍。太子理恭(卽孝昭大王)守闕。聞此事走馬來賀。徐察奏曰。此玉帶諸窠皆眞龍也。王曰。汝何知之。太子曰。摘一窠沈水示之。乃摘左邊第二窠沈溪。卽成龍上天。其地成淵。因號龍淵。駕還。以其竹作笛。藏於月城天尊庫。吹此笛則兵退病愈。旱雨雨晴。風定波平。號萬波息笛。稱爲國寶。至孝昭大王代天授四年癸巳。因失禮郞生還之異。更封號曰萬々波々息笛。詳見彼傳。

孝昭王代 竹旨郞(亦作竹曼。亦名智官。)

第三十二孝昭王代。竹曼郞之徒有得烏(一云谷)級干。隷名於風流黃卷。追日仕進。隔旬日不見。郞喚其母。問爾子何在。母曰。幢典牟梁益宣阿干以我子差富山城倉。直馳去。行急未暇告

侶疑侃訛

帖下疑太

阬疑旣訛

辭於郞。郞曰。汝子若私事適彼。則不須尋訪。今以公事進去。須歸享矣。乃以舌餅一合酒一缸。卒左人(鄉云皆叱知。言奴僕也。)而行。郞徒百三十七人亦具儀侍從。到富山城。問閽人。得烏失奚在。人曰。今在益宣田。隨例赴役。郞歸田以所將酒餅饗之。請暇於益宣。將欲偕還。益宣固禁不許。時有使吏侃珍管收推火郡。能節租三十石輸送城中。美郞之重士風味鄙宣。暗塞不通。乃以所領三十石贈益宣助請。猶不許。又以珍節舍知騎馬具鞍貽之。乃許。朝廷花主聞之。遣使取益宣。將洗浴其垢醜。宣逃隱。掠其長子而去。時仲冬極寒之日。浴洗於城內池中。仍合凍死。大王聞之。勅牟梁里人從官者。並台黜。遣更不接公署。不著黑衣。若爲僧者。不合入鐘皷寺中。勅史上侶珍子孫爲枰定戶孫標異之。時圓測法師是海東高德。以牟梁里人故不授僧職。初述宗公爲朔州都督使。將歸理所。時三韓兵亂。以騎兵三千護送之。行至竹旨嶺。有一居士平理其嶺路。公見之歎美。居士亦善公之威勢赫甚。相感於心。公赴州理。隔一朔。夢見居士入于房中。室家同夢。驚怪囗甚。翌日使人問其居士安否。人曰。居士死有日矣。使來還告其死。與夢同日矣。公曰。殆居士誕於吾家爾。更發卒修葬於嶺上北峯。造石彌勒一軀。安於塚前。妻氏自夢之日有娠。阬誕。因名竹旨。壯而出仕。與庾信公爲副帥。統三韓。眞德太宗文武神文四代爲冢宰。安定厥邦。初得烏谷慕郞而作歌曰。

去隱春皆理米 毛冬居叱沙哭屋尸以憂音 阿冬音乃叱好支賜烏隱 皃史年數就音墮支行齊 目煙廻於尸七史伊衣 逢烏支惡知作乎下是 郞也慕理尸心未 行乎尸道尸 蓬吹叱巷中宿

冥溟音通

尸　夜音有叱下是

聖德王

第三十三聖德王。神龍二年丙午。歲不登。人民飢甚。丁未正月初一日至七月三十日救民給租。一口一日三升爲式。終事而計三十萬五百碩也。王爲太宗大王刱奉德寺。設仁王道場。七日大赦。始有侍中職。(一本系孝成王)

水路夫人

聖德王代。純貞公赴江陵太守。(今冥州)行次海汀晝饍。傍有石嶂。如屛臨海。高千丈。上有躑躅花盛開。公之夫人水路見之謂左右曰。折花献者其誰。從者曰。非人跡所到。皆辭不能。傍有老翁牽牸牛而過者。聞夫人言折其花。亦作歌詞献之。其翁不知何許人也。便行二日程。又有臨海亭。晝饍次海龍忽攬夫人入海。公顚倒躃地。計無所出。又有一老人告曰故人有言。衆口鑠金。今海中傍生。何不畏衆口乎。宜進界內民。作歌唱之。以杖打岸。口可見夫人矣。公從之。龍奉夫人出海献之。公問夫人海中事。四七寶宮殿。所饍甘滑香潔。非人間煙火。此夫人衣襲異香。非世所聞。水路姿容絶代。每經過深山大澤。屢被神物掠攬。衆人唱海歌。詞曰。　龜乎龜乎出水路。掠人婦女罪何極。汝若悖逆不出献。入網捕掠燔之喫。老人献花歌曰。紫布岩乎过希執音乎手母牛放敎遣　吾肹不喩慚肹伊賜等　花肹折叱可献乎理音如

孝成王

原本古作右今改

開元十年壬戌十月。始築關門於毛火郡。今毛火村。屬慶州東南境。乃防日本塞垣也。周廻六千七百九十二步五尺。役徒三萬九千二百六十二人。掌員元眞角干。開元二十一年癸酉。唐人欲征北狄。請兵新羅。客使六百四人來还國。

景德王　忠談師　表訓大德

德經等大王備禮受之。王御國二十四年。五岳三山神等時或現侍於殿庭。三月三日。王御歸正門樓上。謂左右曰。誰能途中得一員榮服僧來。於是適有一大德。威儀鮮潔。徜徉而行。左右望而引見之。王曰。非吾所謂榮僧也。退之。更有一僧。被衲衣負櫻筒。一作荷簣從南而來。王喜見之。邀致樓上。視其筒中。盛茶具已。曰。汝爲誰耶。僧曰忠談。曰。何所歸來。僧曰僧每重三重九之日。烹茶饗南山三花嶺彌勒世尊。今茲既獻而還矣。王曰。寡人亦一甌茶有分乎。僧乃煎茶獻之。茶之氣味異常。甌中異香郁烈。王曰。朕嘗聞師讚耆婆郎詞腦歌。其意甚高。是其果乎。對曰然。王曰。然則爲朕作理安民歌。僧應時奉勅歌呈之。王佳之。封王師焉。僧再拜固辭不受。安民歌曰。

君隱父也　臣隱愛賜尸母史也　民焉狂尸恨阿孩古爲賜尸知民是愛尸知古如　窟理叱大肸生以支所音物生此肸喰惡支治良羅　此地肸捨遣只於冬是去於丁　爲尸知國惡支持以　支知古如　後句　君如臣多支民隱如　爲內尸等焉國惡太平恨音叱如

讚耆婆郎歌曰

咽嗚爾處米　露曉邪隱月羅理　白雲音逐于浮去隱安支下　沙是八陵隱汀理也中　耆郞矣貌
史是史藪邪　逸烏川理叱磧惡希　郞也持以支如賜烏隱　心未際叱肹逐內良齊　阿耶　栢史
叱枝次高支好　雪是毛冬乃乎尸花判也

王玉莖長八寸。無子廢之。封沙梁夫人。後妃滿月夫人諡景垂太后。依忠角干之女也。王一日詔表訓大德曰。朕無祐不獲其嗣。願大德請於上帝而有之。訓上告於天帝。還來奏云。帝有言。求女卽可。男卽不宜。王曰。願轉女成男。訓再上天請之。帝曰。可則可矣。然爲男則國殆矣。訓欲下時。帝又召曰。天與人不可亂。今師往來如隣里。漏洩天機。今後宜更不通。訓來以天語諭之。王曰。國雖殆●得男而爲嗣足矣。於是滿月王后生太子。王喜甚。至八歲王崩。太子卽位。是爲惠恭大王。幼冲故太后臨朝。政條不理。盜賊蜂起。不遑備禦。訓師之說驗矣。小帝旣女爲男故。自期晬至於登位●常爲婦女之戲●好佩錦囊。與道流爲戲。故國有大亂。修爲宣德與金良相所弑。自表訓後。聖人不生於新羅云。

修終音通

惠恭王

大曆之初。康州官署大堂之東。地漸陷成池。（一本大寺東小池）從十三尺。橫七尺。忽有鯉魚五六。相繼漸大。淵亦隨大。至二年丁未。又天狗墜於東樓南。頭如瓮。尾三尺許。色如烈火。天地亦振。又是年。今浦縣稻田五頃中皆米顆成穗。是年七月。北宮庭中先有二星墜地。又一星墜。三星皆沒入地。先時宮北廁圊中二莖蓮生。又奉聖寺田中生蓮。虎入禁城中。追覓失之。

或本餘山四字恐分註

角干大恭家梨木上雀集無數。據安國兵法下卷云。天下兵大亂。於是大赦修省。七月三日。大恭角干賊起。王都及五道州郡幷九十六角干相戰大亂。大恭角干家亡。輸其家資寶帛于王宮。新城長倉火燒。逆黨之寶穀在沙梁牟梁等里中者。亦輸入王宮。亂彌三朔乃息。被賞者頗多。誅死者無算也。表訓之言國殆是也。

元聖大王

伊飡金周元初爲上宰。王爲角干居二宰。夢脫幞頭著素笠・把十二絃琴入於天官寺井中。覺而使人占之。曰。脫幞頭者失職之兆。把琴者著枷之兆。入井入獄之兆。王聞之甚患。杜門不出。于時阿飡餘三或本餘山來通謁。王辭以疾不出。再通曰。願得一見。王諾之。阿飡曰公所忌何事。王具說占夢之由。阿飡興拜曰。此乃吉祥之夢。公若登天位而不遺我。則爲公解之。王乃辟禁左右而請解之。白。脫幞頭者・人無居上也。著素笠者・冕旒之兆也。把十二絃琴者・十二孫傳世之兆也。入天官井・入宮禁之瑞也。王曰。上有周元。何居上位。阿飡曰。請密祀北川神可矣。從之。未幾宣德王崩。國人欲奉周元爲王。將迎入宮。家在川北。忽川漲不得渡。王先入宮卽位。上宰之徒衆皆來附之。拜賀新登之主。是爲元聖大王。諱敬信金武。盖厚夢之應也。周元退居溟州。王旣登極。時餘山巳卒矣。召其子孫賜爵。王之孫有五人。惠忠太子・憲平太子・禮英匝干・大龍夫人・小龍夫人等也。大王誠知窮達之變。故有身空詞腦歌。歌亡未詳王之考大角干孝讓傳祖宗萬波息笛。乃傳於王。王得之。故厚荷天恩。其德遠輝。

注年疑代訛

注字以下二十二字攙入本文宜剞爲註

田恐由訛

貞元二年丙寅十月十一日。日本王文慶按日本帝紀第五十五年。文德王疑是也。餘無文慶。或本云是王太子。擧兵欲伐新羅。聞新羅有萬波息笛退兵。以金五十兩遣使請其笛。王謂使曰。朕聞上世眞平王代有之耳。今不知所在。明年七月七日。更遣使以金一千兩請之曰。寡人願得見神物而還之矣。王亦辭以前對。以銀三千兩賜其使。還金而不受。八月使還。藏其笛於內黃殿。王卽位十一年乙亥。唐使來京。留一朔而还。後一日有二女進內庭。奏曰。妾等乃東池青池青池卽東泉寺之泉也。寺記云。泉乃東海龍往來聽法之地。寺乃眞平王所造五百聖衆。九層塔。幷納田民焉二龍之妻也。唐使將河西國二人而來。呪我夫。二龍及芬皇寺井等三龍變爲小魚。筒貯而歸。願陛下勅二人。留我夫等•護國龍也。王追至河陽館。親賜享宴。勅河西人曰。爾輩何得取我三龍至此。若不以實告。必加極刑。於是出三魚獻之。使放於三處。各湧水丈餘。喜躍而逝。唐人服王之明聖。王一日請皇龍寺「注或本云華嚴寺又金剛寺香蓋以寺名經名光混之也」釋智海入內。稱華嚴經五旬。沙彌妙正每洗鉢於金光井田大賢法師得名邊。有一黿浮沈井中。沙彌每以殘食餽而爲戲。席將罷。沙彌謂黿曰。吾德汝日久。何以報之。隔數日。黿吐一小珠。如欲贈遺。沙彌得其珠繫於帶端。自後大王見沙彌愛重。邀致內殿。不離左右。時有一匝干奉使於唐。亦愛沙彌。請與俱行。王許之。同入於唐。唐帝亦見沙彌而寵愛。承相左右莫不尊信。有一相士奏曰。審此沙彌。無一吉相。得人信敬。必有所持異物。使人檢看。得帶端小珠。帝曰。朕有如意珠四枚。前年失一介。今見此珠。乃吾所失也。帝問沙彌。沙彌具陳其事。帝內失珠之日。與沙彌得珠同日。帝留其珠而遣之。後人無愛信此沙彌者。王之陵在吐

最末玄聖二字恐衍

時下疑謂

含岳西洞鵠寺。(今崇福寺)有崔致遠撰碑。又刱報恩寺。又望德樓。追封祖訓入匝干爲興平大王。曾祖義官匝干爲神英大王。高祖法宣大阿干爲玄聖大王。玄聖大王玄聖之考卽摩叱次匝干。

早雪

第四十哀莊王。末年戊子。八月十五日有雪。

第四十一憲德王。元和十三年戊戌。三月十四日大雪。(一本作丙寅。誤矣。元和盡十五無丙寅。)

第四十六文聖王。己未五月十九日大雪。八月一日。天地晦暗。

興德王　鸚鵡

第四十二興德大王。寶曆二年丙午卽位。未幾有人奉使於唐。將鸚鵡一雙而至。不久雌死。而孤雄哀鳴不已。王使人掛鏡於前。鳥見鏡中影。擬其得偶。乃啅其鏡而知其影。乃哀鳴而死。王作歌云。未詳。

神武大王　閻長　弓巴

第四十五神武大王潛邸時。口俠士弓巴曰。我有不同天之讎。汝能爲我除之。獲居大位。則娶爾女爲妃。弓巴許之。協心同力。擧兵犯京師。能成其事。旣簒位。欲以巴之女爲妃。群臣極諫曰。巴側微。上以其女爲妃。則不可。王從之。時巴在淸海鎭爲軍戍。怨王之違言欲謀亂。時將軍閻長聞之奏曰。巴將爲不忠。小臣請除之。王喜許之。閻長承旨歸淸海鎭。見謁者通曰。僕有小怨於國君。欲投明公以全身命。巴聞之大怒曰。爾輩諫於王而廢我女。胡顧見我乎。長復通曰。是百官之所諫。我不預謀。明公無嫌也。巴聞之引入廳事。謂曰。卿以何事來此。長曰。有忤於王。欲投幕下以免害爾。巴曰幸矣。置酒歡甚。長取巴之長劍斬之。麾下軍士驚懾皆伏地。長引至京師。復命曰。巳斬弓巴矣。上喜賞之。賜爵阿干。

四上疑脫第

四十八景文大王

王諱膺廉。年十八爲國仙。至於弱冠。憲安大王召郎。宴於殿中。問曰。郎爲國仙優遊四方。見何異事。郎曰。臣見有美行者三。王曰。請聞其說。郎曰。有人爲人上者。而撝謙坐於人下。其一也。有人富豪而衣儉易。其二也。有人本貴勢而不用其威者。三也。王聞其言而知其賢。不覺墮淚而謂曰。朕有二女。請以奉巾櫛。郎避席而拜之。稽首而退。告於父母。父母驚喜。會其子弟議曰。王之上公主貌甚寒寢。第二公主甚美。娶之幸矣。郎之徒上首範敎師者聞之。至於家問郎曰。大王欲以公主妻公。信乎。郎曰然。曰奚娶。郎曰。二親命我宜弟。師曰。郎若娶弟則予必死於郎之面前。娶其兄則必有三美。誡之哉。郎曰聞命矣。既而王擇辰而使於郎曰。二女惟公所命。使歸以郎意奏曰。奉長公主爾。既而過三朔。王疾革。召群臣曰。朕無男孫。窀穸之事。宜長女之夫膺廉繼之。翌日王崩。郎奉遺詔卽位。於是範敎師詣於王曰。吾所陳三美者●今皆著矣。娶長故●今登位一也。昔之欽艶弟主●今易可取二也。娶兄故●王與夫人喜甚三也。王德其言。爵爲大德。賜金一百三十兩。王崩。諡曰景文。王之寢殿。每日暮無數衆蛇俱集。宮人驚怖。將驅遣之。王曰。寡人若無蛇不得安寢

蓋疑畫

宜無禁。每寢吐舌滿胸。鋪之乃登位。王耳忽長如驢耳。王后及宮人皆未知。唯幞頭匠一人知之。然生平不向人說。其人將死。入道林寺竹林中。無人處向竹唱云。吾君耳如驢耳。其後風吹則竹聲云吾君耳。如驢耳。王惡之。乃伐竹而植山茱萸。風吹則但聲云吾君耳長。(道林寺舊在入都林邊) 國仙邀元郎譽昕郎桂元叔宗郎等遊覽金蘭。暗有爲君主理邦國之意。乃作歌三首。使心弼舍知授針卷送大炬和尙處。令作三歌。初名玄琴抱曲。第二大道曲。第三問群曲。入奏於王。王大喜稱賞。歌未詳

處容郎　望海寺

第四十九憲康大王之代。自京師至於海內。比屋連墻無一草屋。笙歌不絕道路。風雨調於四時。於是大王遊開雲浦。(在鶴城西南今蔚州。) 王將還駕。晝歇於汀邊。忽雲霧冥曀。迷失道路。怪問左右。日官奏云。此東海龍所變也。宜行勝事以解之。於是勅有司爲龍刱佛寺。近境施令已出。雲開霧散。因名開雲浦。東海龍喜。乃率七子現於駕前。讚德獻舞奏樂。其一子隨駕入京。輔佐王政。名曰處容。王以美女妻之。欲留其意。又賜級干職。其妻甚美。疫神欽慕之。變無人夜至其家。竊與之宿。處容自外至。其家見寢有二人。乃唱歌作舞而退。歌曰。東京明期月良夜入伊遊行如可入良沙寢矣見昆脚烏伊四是良羅二肹隱吾下於叱古二肹隱誰支下焉古本矣吾下是如馬於隱奪叱良乙何如爲理古。時神現形。跪於前曰。吾羨公之妻。今犯之矣。公不見怒。感而美之。誓今已後。見畫公之形容。不入其門矣。因此國人門帖處容之形。以僻邪進

十疑于訛
阿十下疑脫者旹
三四寵臣六字

處。王既還。乃卜靈鷲山東麓勝地置寺。曰望海寺。亦名新房寺。乃爲龍而置也。又幸鮑石亭。南山神現舞於御前。左右不見。王獨見之。有人現舞於前。王自作舞。以像示之。神之名或曰祥審。故至今國人傳此舞。曰御舞祥審。或曰御舞山神。或云。既神出舞。審象其貌。命工摹刻。以示後代。故云象審。或云霜髯舞。此乃以其形稱之。又幸於金剛嶺時。北岳神呈舞。名玉刀鈐。又同禮殿宴時。地神出舞。名地伯級干。語法集云。于時山神獻舞。唱歌云。智理多都波都波等者。蓋言以智理國者。知而多逃。都邑將破云謂也。乃地神山神知國將亡。故作舞以警之。國人不悟。謂爲現瑞。耽樂滋甚。故國終亡。

眞聖女大王　居陁知

第五十一眞聖女王。臨朝有年。乳母鳧好夫人。與其夫魏弘匝干等三四寵臣。擅權撓政。盜賊蜂起。國人患之。乃作陁羅尼隱語書投路上。王與權臣等得之。謂曰。此非王居仁誰作此文。乃囚居仁於獄。居仁作詩訴于天。天乃震其獄囚以免之。詩曰燕丹泣血虹穿日。鄒衍含悲夏落霜。今我失途還似舊。皇天何事不垂祥。陁羅尼曰。南無亡國。刹尼那帝。判尼判尼蘇判尼。于于三阿干。鳧伊娑婆訶。說者云。刹尼那帝者。言女主也。判尼判尼蘇判尼者。言二蘇判也。蘇判爵名。于于三阿十也。鳧伊者。言鳧好也。此王代阿飡良貝王之季子也。奉使於唐。聞百濟海賊梗於津島。選弓士五十人隨之。舡次鵠島。(鄕云骨大島)風濤大作。信宿浹旬。公患之。使人卜之。曰島有神池。祭之可矣。於是具奠於池上。池水湧高丈餘。夜夢有老人。謂公曰。善射一人留此島中。可得便風。公覺而以事諮於左右曰。留誰可矣。衆人曰。宜以木簡五十片書我輩名。沈水而鬮之。公從之。軍士有居陁知者。名沈水中。乃留其人。便風忽起。舡進無滯。居陁愁立島嶼。忽有老人。從池而出。謂曰。我是西海若。每一沙彌日出之時。從天而降。誦陁羅尼。三繞此池。我之夫婦子孫皆浮水上。沙彌取吾子孫肝腸食之盡矣。唯存吾夫婦與一女爾。來朝又必來。請君射之。居陁曰。弓矢之事吾所長也。聞命矣。老人謝之而沒。居陁伏隱而待。明日扶桑旣暾。沙彌果來。誦呪如前。欲取老龍肝。時居陁射之。中沙彌。卽變老狐。墜地而斃。於是老人出而謝曰。受公之賜。全我性命。請以女子妻之。居陁曰。見賜不遺。固所願也。老人以其女。變作一枝花。納之懷中。仍命二龍。捧居陁趂及。使舡仍護其舡入於唐境。唐人見新羅舡。有二龍負之。具事上聞。帝曰。新羅之使必非常人。賜宴坐於群臣之上。厚以金帛遺之。旣還國。居陁出花枝。變女同居焉。

孝恭王

第五十二孝恭王。光化十五年壬申。(實朱梁乾化二年也)奉聖寺外門。東西二十一間鵲巢。又神德王卽位四年乙亥。(古本云。天祐十二年。當作貞明元年。)靈廟寺內行廊鵲巢三十四。烏巢四十。又二月。再降霜。六月。斬浦水與海水波相鬪三日。

景明王

第五十四景明王代。貞明五年戊寅。四天王寺壁畫狗鳴。說經三日禳之。大半日又鳴。七年

庚辰二月。皇龍寺塔影倒立於今毛舍知家庭中一朔。又十月。四天王寺五方神弓弦皆絶。壁畫狗出走庭中。還入壁中

景哀王

第五十五景哀王卽位。同光二年甲辰二月十九日。皇龍寺說百座說經。兼飯禪僧三百。大王親行香致供。此百座通說禪敎之始。

金傅大王

第五十六金傅大王。諱敬順。天成二年丁亥九月。百濟甄萱侵羅至高鬱府。景哀王請救於我太祖。命將以勁兵一萬往救之。救兵未至。萱以冬十一月掩入王京。王與妃嬪宗戚遊鮑石亭宴娛。不覺兵至。倉卒不知所爲。王與妃奔入後宮。宗戚及公卿大夫士女四散奔走。爲賊所虜。無貴賤匍匐乞爲奴婢。萱縱兵摽掠公私財物。入處王宮。乃命左右索王。王與妃妾數人匿在後宮。拘致軍中。逼令王自進。而强淫王妃。縱其下亂其嬪妾。乃立王之族弟傅爲王。王爲萱所擧卽位　前王尸殯於西堂。與群下慟哭。我太祖遣使吊祭。明年戊子春二月。太祖率五十餘騎巡到京畿。王與百官郊迎。入(宮)相對。曲盡情禮。置宴臨海殿。酒酣。王言曰。吾以不天侵致禍亂。甄萱恣行不義。喪我國家。何(痛)如之。因泣然涕泣。左右莫不嗚咽。太祖亦流涕。因留數旬乃廻駕。麾下肅靜。不犯秋毫。都人士女相慶曰。昔甄氏之來也。如逢豺虎。今王公之至。如見父母。八月。太祖遣使遺王錦衫鞍馬。幷賜群僚將士有差。淸

進盡音通

明年云々羅紀爲長興二年辛卯事

宮據羅紀補侵馴音通

痛據羅紀補原本泣作泣今據羅紀改羅紀彎作正

羅紀衫作彩

土據羅紀補
原本能作已今據
羅紀改
民據羅紀補
倚巖爲屋據羅紀補
于據羅紀補
厚上以據羅紀補
羅紀政作正麗史
憲承作獻肅誥作
制原本望作主今
據麗史改
原本冊作開今據
麗史改
此據麗史補
原本亦闕作乃開
今據麗史改
處據麗史補

泰二年乙未十月。以四方(土)地盡爲他有。國弱勢孤。不能自安。乃與群下謀。擧土降太祖。
群臣可否。紛然不已。王太子曰。國之存亡必有天命。當與忠臣義士收合(民)心力盡而後已。
豈可以一千年之社稷。輕以與人。王曰。孤危若此。勢不能全。旣不能强。又不能弱。至使無
辜之民。肝腦塗地。吾所不忍也。乃使侍郞金封休齎書。請降於太祖。太子哭泣辭王。徑往皆
骨山。(倚)(巖)(爲)(屋)。麻衣草食。以終其身。季子祝髮肄華嚴。爲浮圖。名梵空。後住法
水海印寺云。太祖受書。送太相王鐵迎之。王率百僚歸(于)我太祖。香車寶馬連亘三十餘里。
道路塡咽。觀者如堵。太祖出郊迎勞。賜宮東一區。今正承院以長女樂浪公主妻之。以王謝自國居
他國。故以鸞喩之。改號神鸞公主。諡孝穆。封爲正承。位在太子之上。給祿一千石。侍從
員將皆錄用之。改新羅爲慶州。以爲公之食邑。初王納土來降。太祖喜甚。待之(以)厚禮。
使告曰。今王以國與寡人。其爲賜大矣。願結婚於宗室。以永甥舅之好。王答曰。我伯父億
廉王之考孝宗角干。追封神興大王之弟也。有女子。德容雙美。非是無以備內政。太祖娶之。是爲神成王后金氏。本朝登仕郎金寬毅
所撰王代宗錄云。神成王后李氏。本慶州大尉李正言爲俠州守時。太祖幸此州。納爲妃。故或云俠州君。願堂玄化寺三月
二十五日立忌。葬貞陵。生一子。安宗也。此外二十五妃主中不載。金氏之事未詳。然而史臣之論。亦以安宗爲新羅外孫。
當以史傳爲是。太祖之孫景宗伷聘政承公之女爲妃。是爲憲承皇后。仍封政承爲尙父。大平興國三年
戊寅崩。諡曰敬順。冊尙父誥曰。勅。姬周啓聖之初。先封呂望。劉漢興王之始。首冊蕭何。
自(此)大定寰區。廣開基業。立龍圖三十代。躡麟趾四百年。日月重明。乾坤交泰。雖自無爲
之主。亦關理之臣。觀光順化衞國功臣上柱國樂浪王政承食邑八千戶金傅。世(處)雞林。官

原本始脩睦隣作須戴接睦擲今據麗史改 時麗史無 愼順音通

氐下都疑郡訛

羅紀厚作原

宿上而據羅紀補

縣下之據羅紀補

然羅紀無 侵湊音通

原本衎作衛今據羅紀改 夫據羅紀補佳嚚音通

分王爵。英烈振凌雲之氣。文章騰擲地之才。富有春秋。貴居茅土。六韜三略。拘入胸襟。七縱五申。撮歸指掌。我太祖始脩睦隣之好。早認餘風。尋時頒駙馬之姻。內酬大節。家國旣歸於一統。君臣宛合於三韓。顯播令名。光崇懿範。可加號尙父都省令。仍賜推忠愼義崇德守節功臣號。勳封如故。食邑通前爲一萬戶。有司擇日備禮冊命。主者施行。開寶八年十月日。大臣內議令兼摠翰林臣翮宣奉行。奉勅如右。牒到奉行。開寶八年十月日侍中署。侍中署內奉令署。軍部令署。軍部令無署。兵部令無署。兵部令署。廣坪侍郎署。廣坪侍郎無署。內奉侍郎無署。內奉侍郎署。軍部卿無署。軍部卿署。兵部卿無署。兵部卿署。告推忠愼義崇德守節功臣。尙父都省令。上柱國樂浪都王。食邑一萬戶。金傅奉勅如右。符到奉行。主事無名。郎中無名。書令史無名。孔目無名。開寶八年十月日下。

史論曰。新羅朴氏昔氏。皆自卵生。金氏從天入金櫃而降。或云乘金車。此尤詭怪不可信。然世俗相傳爲實事。今但厚厥初。在上者。其爲己也儉。其爲人也寬。其設官也略。其行事也簡。以至誠事中國。梯航朝聘之使。相續不絶。常遣子弟。造朝(而)宿衛。入學而誦習。于以襲聖賢之風化。革鴻荒之俗。爲禮義之邦。又憑王師威靈。平百濟高句麗。取其地郡縣(之)。可謂盛矣。然而奉浮屠之法。不知其弊至使閭里比其塔廟。齊民逃於緇褐。兵農侵小。而國家日衰。幾何其不亂且亡也哉。於是時。景哀王加之以荒樂。與宮人左右出遊鮑石亭。置酒燕衎。不知甄萱之至。與(夫)門外韓擒虎樓頭張麗華無以異矣。若敬順之歸命太祖。雖

濟紀州之作扶餘
濟紀無州字
原本爲作後今據濟紀改
十據濟紀補
佳熹音通
濟紀解作扶餘
城上濟疑衍地上其仍下以據地理志補
國當作函

蒙自北扶餘逃難。至卒本扶餘。州之王無子。只有三女。見朱蒙知非常人。以第二女妻之。
未幾。扶餘州王薨。朱蒙嗣位。生二子。長曰沸流。次曰温祚。恐爲太子所不容。遂與烏干
馬黎等(十)臣南行。百姓從之者多。遂至漢山。登負兒岳。望可居之地。沸流欲居於海濱。
十臣諫曰。惟此河南之地北帶漢水。東據高岳。南望沃澤。西阻大海。其天險地利。難得之
勢。作都於斯。不亦宜乎。沸流不聽。分其民歸彌雛忽居之。温祚都河南慰禮城。以十臣爲
輔翼。國號十濟。是漢成帝鴻佳三年也。沸流以彌雛忽土濕水鹹。不得安居歸。見慰禮都邑
鼎定•人民安泰。遂慙悔而死。其臣民皆歸於慰禮城。後以來時百姓樂悅。改號百濟。其世系
與高句麗同出扶餘。故以解爲氏。後至聖王。移都而泗沘。今扶餘郡。(彌雛忽•仁州。慰禮•今稷也。)按古典記
云。東明王第三子温祚。以前漢鴻佳三年癸卯。自卒本扶餘。至慰禮城。立都稱王。十四年
丙辰。移都漢山。(今廣州)歷三百八十九年。至十三世近肖古王。咸安元年。取高句麗南平壤。移
都北漢城。(今楊州)歷一百五年。至二十二世文周王卽位。元徽三年乙卯。移都熊川。(今公州)歷六十
三年。至二十六世聖王。移都所夫里。國號南扶餘。至三十一世。義慈王。歷一百二十年。
至唐顯慶五年。是義慈王在位二十年。新羅金庾信與蘇定方討平之。百濟國舊有五部。分統
三十七郡•二百濟城•七十六萬戶。唐以(其)地。分置熊津馬韓東明金漣德安等五都督府。仍
(以)其酋長爲都督府刺史。未幾。新羅盡幷其地。置熊全武三州及諸郡縣。又虎嵓寺有政事
嵓。國家將議宰相。則書當選者名。或三四凾封置嵓上。須臾取看。名上有印跡者爲相。故名

小少音通

之。又泗沘河邊有一嵓。蘇定方嘗坐此上。釣魚龍而出。故嵓上有龍跪之跡。因名龍嵓。又郡中有三山。曰日山吳山浮山。國家全盛之時。各有神人居其上。飛相往來。朝夕不絕。又泗沘崖又有一石。可坐十餘人。百濟王欲幸王興寺禮佛。先於此石望拜佛。其石自煖。因名峡石。 又泗沘河兩崖如畫屏。百濟王每遊宴歌舞。故至今稱爲大王浦。 又始祖温祚乃東明第三子。体洪大。性孝友。善騎射。 又多婁王寬厚有威望。 又沙沸王。一作沙伊王 仇首崩嗣位。而幼少不能政。卽廢而立古爾王。或云。至樂初二年己未乃崩。古爾方立。

武王 古本作武康。非也。百濟無武康。

第三十武王名璋。母寡居。築室於京師南池邊。池龍文通而生。小名薯童。器量難測。常掘薯蕷。賣爲活業。國人因以爲名。聞新羅眞平王第三公主善花一作善化美艷無雙。剃髮來京師。以薯蕷餉閭里群童。群童親附之。乃作謠。誘群童而唱之云。善化公主主隱他密只嫁良置古

薯童房乙夜矣卯乙抱遣去如。

童謠滿京。達於宮禁。百官極諫。竄流公主於遠方。將行王后以純金一斗贈行。公主將至竄所。薯童出拜途中。將欲侍衛而行。公主雖不識其從來。偶爾信悅。因此隨行。潛通焉。然後知薯童名。乃信童謠之驗。同至百濟。出母后所贈金。將謀計活。薯童大笑曰。此何物也。主曰。此是黃金。可致百年之富。薯童曰。吾自小掘薯之地。委積如泥土。主聞大驚曰。此是天下至寶。君今知金之所在。則此寶輸送父母宮殿何如。薯童曰可。於是聚金。積如丘陵。詣龍華山師子寺知命法師所。問輸金之計。師曰。吾

以神力可輸。將金來矣。主作書。幷金置於師子前。師以神力。一夜輸置新羅宮中。眞平王異其神變。尊敬尤甚。常馳書問安否。薯童由此得人心。卽王位一日。王與夫人欲幸師子寺。至龍華山下大池邊。彌勒三尊出現池中。留駕致敬。夫人謂王曰。須創大伽藍於此地。固所願也。王許之。詣知命所。問塡池事。以神力一夜頽山。塡池爲平地。乃法像彌勒三會殿塔廊廡各三所創之。額曰彌勒寺。(國史云王興寺)眞平王遣百工助之。至今存其寺。(三國史云。是法王之子。而此傳之獨女之子。未詳。)

後百濟　甄萱

三國史本傳云。甄萱尙州加恩縣人也。咸通八年丁亥生。本姓李。後以甄爲氏。父阿慈个。以農自活。光啓中據沙弗城。(今尙州)自稱將軍。有四子。皆知名於世。萱號傑出。多智略。李碑家記云。眞興大王妃思刀諡曰白馭夫人。第三子仇輪公之子波珍干善品之子角干酌珍妻王咬巴里生角干元善。是爲阿慈个也。慈之弟妻上院夫人。第二妻南院夫人。生五子一女。其長子是尙父萱。二子將軍能哀。三子將軍龍盖。四子寶盖。五子將軍小盖。一女大主刀金。又古記云。昔一富人居光州北村。有一女子。姿容端正。謂父曰。每有一紫衣男到寢交婚。父謂曰。汝以長絲貫針刺其衣。從之。至明尋絲於北墻下。針刺於大蚯蚓之腰。後因姙生一男年十五。自稱甄萱。至景福元年壬子稱王。立都於完山郡。理四十三年。以淸泰元年甲午。萱之三子簒逆。萱投太祖。子金剛卽位。天福元年丙申。與高麗兵會戰於一善郡。百濟敗績國亡云。初萱生孺褓時。父耕于野母餉之。以兒置于林下。虎來乳之。鄕黨聞者異焉。及壯體

姙當作妊

簒疑篡訛

貌雄奇。志氣倜儻不凡。從軍入王京。赴西南海防戍。枕戈待敵。其氣恒爲士卒先。以勞爲裨將。唐昭宗景福元年。是新羅眞聖王在位六年。嬖竪在側。竊弄國權綱紀紊弛。加之以飢饉。百姓流移。群盜蜂起。於是萱竊有(覦)心。嘯聚徒侶。行擊京西南州縣。所至響應。旬月之間。衆至五千。遂襲武珍州自王。猶不敢公然稱王。自署爲新羅西面都統行全州刺史兼御史中承上柱國漢南郡開國公。龍紀元年己酉也。一云景福元年壬子。是時北原賊良吉雄强。弓裔自投爲麾下。萱聞之。遙授良吉職爲裨將。萱西巡至完山州。州民迎勞。喜得人心。謂左右曰。百濟開國六百餘年。唐高宗以新羅之請。遣將軍蘇定方。以舡兵十三萬越海。新羅金庾信卷土歷黃山。與唐兵合。攻百濟滅之。予今敢不立都以雪宿憤乎。遂自稱後百濟王。設官分職。是唐光化三年。新羅孝恭王四年也。貞明四年戊寅。鐵原京衆心忽變。推戴我太祖卽位。萱聞之遣使稱賀。遂獻孔雀扇地理山竹箭等。萱與我太祖。陽和陰尅。獻驄馬於太祖。三年冬十月。萱率三千騎至曹物城。今未詳 太祖亦以精兵來與之角。萱兵銳。未決勝負。太祖欲權和以老其師。移書乞和。以堂弟王信爲質。萱亦以外甥眞虎交質。十二月攻取居昌今未詳 等二十餘城。遣使入後唐稱藩。唐策授檢校大尉兼侍中判百濟軍事。依前都督行全州刺史海東四面都統指揮兵馬制置等事。百濟王食邑二千五百戶。四年眞虎暴卒。疑故殺。卽囚王信。使人請還前年送所驄馬。太祖笑還之。天成二年丁亥九月。萱攻取沂品城。今山陽縣 燒之。新羅王求救於太祖。太祖將出師。萱襲取高鬱府。今蔚州 進軍族始林。一云雞林西郊 卒入新羅王都。新羅王與夫人

其氣之間本傳有勇字

强當作弛

覦據本傳補

原本面作南郡作國今據本傳改承丞音通

勝覽地理作智異盖音通以下倣此

本傳貟作否

原本昌作西今據本傳改居昌本新羅居烈郡一名居陁景德王改居昌高麗顯宗屬陝州明宗置監務今慶尙道郡

原本制作判今據本傳改

今蔚州當作今永州高麗初永

州或云高鬱府本
新羅切也火郡景
德王改臨皐今慶
尙道永川郡也蔚
州本新羅屈阿火
村景德王置河曲
縣高麗太祖爲興
麗府後改蔚州今
慶尙道蔚山府新
羅古時栗浦縣景
德王改東津自高
麗初與虞風縣合
屬蔚山府帑據本
傳補縣據地理志
補本新羅大木景
德王改名高麗時
屬星州
今星州據勝覽補
本新羅本彼縣景
德王改新安後爲
碧珍郡高麗太祖
改京山府忠烈王
爲星州牧今因之
今晉州據勝覽補
本百濟居列城一
名居陁新羅神文
王置晉州景德王
改康州高麗成宗
十四年復晉州今
慶尙道牧
今不詳據地理志
補
成城音通今慶尙
道縣
四十二年疑長興
元年誤府據勝覽
補州據本傳補今
慶尙道安東府屬
縣
新羅據麗史補
準隼音通

出遊鮑石亭時。由是甚敗。萱强引夫人亂之。以王之族弟金傅嗣位。然後虜王弟孝廉•宰相英景。
又取國(帑)珍寶•兵仗子女•百工之巧者。自隨以歸。太祖以精騎五千。要萱於公山下大戰。太祖
之將金樂崇謙死之。諸軍敗北太祖僅以身免。而不與相抵。使盈其貫。萱乘勝轉掠大木城•(今若木縣)
京山府•(今星州)康州。(今晉州)攻缶谷城•(今不詳)又義成府之守洪述。拒戰而死。太祖聞之曰。
吾失右手矣。四十二年庚寅。萱欲攻古昌郡(今安東府)大擧而石山營寨。太祖隔百步而郡北瓶山營
寨。累戰萱敗。獲侍郎金渥。翌日萱收卒。襲破順(州)城。城主元逢不能禦。棄城宵遁。太祖赫
怒。貶爲下枝縣。(今豐山縣。元逢本順(州)城人故也。)新羅君臣以衰季。難以復興。謀引我太祖•結好爲援。萱聞
之又欲入王都作惡。恐太祖先之。寄書于太祖曰。昨者(新)(羅)國相金雄廉等將召足下入京。
有同鼈應黿聲。是欲鷃披準翼。必使生靈塗炭•宗社丘墟。僕是以先著祖鞭。獨揮韓越。誓百寮
如皎日。諭六部以義風。不意姧臣遁逃。邦君薨變。遂奉景明王表弟献康王之外孫•勸卽尊位。
再造危邦。喪君有君於是乎在。足下不詳忠告。徒聽流言。百計窺覦。多方侵擾。尙不能見
僕馬首•拔僕牛毛。冬初都頭索湘束手(於)星山陣下。月內左將金樂曝骸(於)美利寺前。殺獲
居多。追禽不小。强羸若此。勝敗可知。所期者。掛弓於平壤之樓。飮馬於浿江之水。然以
前月七日。吳越國使班尙書至。傳王詔旨。知卿與高麗。久通和好。共契隣盟。比因質子之
兩亡。遂失和親之舊好。互侵疆境。不戢干戈。今專發使臣。赴卿本道。又移文高麗。宜各
相親比•永孚于休。僕義篤尊王。情深事大。及聞詔諭。卽欲祇承。但慮足下欲罷不能。困

麗史宗社作社稷
越鉞音通
映瞰音通
麗史獻作憲
原本不作勿今據
麗史改於據本傳
麗史補
麗史將作相本傳
勝覽並利作理
小少音通
麗史敗作貧本傳
麗史並和好作歡
好麗史卿作京各
麗史無
天成據本傳補
和據本傳麗史補
旨疑衍
原本致作到今據
麗史改本傳麗史
蒙作承
本傳麗史其作於
本傳麗史乃作於
原本亦作尒今據
本傳麗史改
麗史期作謂麗史
民作黷
原本迫作忽今據
本傳麗史改
原本看作者今據
本傳麗史改
本傳麗史主作王
本傳麗史佐作士
原本[illegible]作柤今據
本傳麗史改
本傳約作誓勸據
本傳麗史補
原本戰作擊今據
麗史改激擊音通
本傳麗史卿作郊

而猶鬪。今錄詔書寄呈。請留心詳悉。且兔獹迭憊。終必貽譏。蚌鷸相持。亦爲所笑。宜迷復之爲誡●無後悔之自貽。(天)(成)三年正月。太祖答曰。伏奉吳越國通(和)使班尙書所傳詔旨書一道。兼蒙足下辱示長書叙事者。伏以華軺膚使。爰致制書。尺素好音。兼蒙敎誨。捧芝檢而雖增感激。闢華牋而難遣嫌疑。今託廻軒。輒敷危衽。僕仰承天假。俯迫人推。過叨將帥之權。獲赴綸經之會。頃以三韓厄會。九土凶荒。黔黎多屬黃巾。田野無非其赤土。庶幾弭風塵之警。有以救邦國之災。爰自善隣。於爲結好。果見數千里農桑樂業。七八年士卒閑眠。及至癸酉年。維時陽月。忽焉生事。至乃交兵。足下始輕敵以直前。若螳蜋之拒轍。終知難而勇退。如蚊子之負山。拱手陳辭。指天作誓。今日之後。永世歡和。苟或渝盟。神其殛矣。僕亦尙止戈之武。期不殺之仁。遂解重圍以休疲卒。不辭質子但欲安民。此卽我有大德於南人也。豈期歃血未乾●凶威復作。蜂蠆之毒侵害於生民。狼虎之狂爲梗於畿甸。金城窘迫。黃屋震驚。仗義尊周。誰似桓文之覇。乘間謀漢。唯看莽卓之姧。致使王之至尊●枉稱子於足下。尊卑失序。上下同憂。以爲非有元輔之忠純。豈得再安社稷。以僕心無匿惡●志切尊王。將援置於朝廷●使扶危於邦國。足下見毫釐之小利。忘天地之厚恩。斬戮君主。焚燒宮闕。柤醢卿佐。虔劉士民。姬姜則取以同車。珍寶則奪之稛載。元惡浮於桀紂。不仁甚於獍梟。僕怨極崩天。誠深却日。約效鷹鸇之逐●以申犬馬之(勤)。再擧干戈。兩更槐柳。陸戰則雷馳電激。水攻則虎搏龍騰。動必成功。擧無虛發。逐尹卿於海岸。積甲如山。禽雛造於邊

麗史造作祖
原本邊城作邊今
據麗史改
馬利城新羅馬利
縣景德王改利安
後高麗顯宗九年
屬陝州今慶尙道
安陰縣是也
邊據本傳麗史補
郡當作縣今忠淸
道郡
縣疑衍
淸川麗史
作靑州
靑州本甘
文小國新羅取之
眞興王改靑州文
武王時爲甘文郡
景德王改開寧後
高麗顯宗屬尙州
明宗置監務今慶
尙道開寧縣是也
直心據本傳麗史
補
歸據麗中補
原本雪作鐵今據
本傳麗史改
麗史岸作亭本傳
麗史心作功
麗史欲作將
原本丹作舟今據
本傳麗史改
原本謨作謀今據
本傳麗史改
原本亦作可今據
麗史改
原本麗史海東作
東海今據本傳改
城成音通
未詳當作今洪州
洪州今忠淸道洪州
本傳之作訓本傳
逢作逄

城。伏屍蔽野。燕山郡畔。斬吉奐於軍前。馬利(疑伊山郡)城(邊)。戮隨晤於纛下。拔任存(今大興郡)之日。刑積等數百人捐軀。破淸川縣(尙州領內縣名)之時。(直)(心)等四五輩授首。桐藪(今桐華寺)望旗而潰散。京山銜璧以投降。康州則自南而來(歸)。羅府則自西移屬。侵攻若此。收復寧遙。必期泜水營中。雪張耳千般之恨。烏江岸上。成漢王一捷之心。竟息風波。永淸寰海。天之所助。命欲何歸。況承吳越王殿下。德洽包荒。仁深字小。特出綸於丹禁。諭戢難於靑丘。旣奉訓謨。敢不尊奉。若足下祗承睿旨。悉戢凶機。不唯副上國之仁恩。抑亦紹海東之絕緒。若不過而能改。其如悔不可追。(書乃崔致遠作也)長興三年。甄萱臣龔直勇而有智畧。來降太祖。萱捉龔直二子一女。烙斷股筋。秋九月。萱遣一吉。以舡兵入高麗禮城江。留三日。取鹽白眞三州船一百艘。焚之而去(云云)淸泰元年甲午。萱聞太祖屯運州。(未詳)遂簡甲士。蓐食而至。未及營壘。將軍黔弼以勁騎擊之。斬獲三千餘級。熊津以北三十餘城。聞風自降。萱麾下術士宗訓醫者之謙勇將尙逢崔弼等降於太祖。丙申正月。萱謂子曰。老夫新羅之季。立後百濟名有年于今矣。兵倍於北軍。尙爾不利。殆天假手爲高麗。盍歸順於北王。保首領矣。其子神劒龍劒良劒等三人皆不應。李磾家記云。萱有九子。長曰神劒。(一云甄成)二子大師謙腦。三子佐承龍述。四子大師聰智。五子大阿干宗祐。六子闕。七子佐承位興。八子大師靑丘。一女國大夫人。皆上院夫人生所也。萱多妻妾。有子十餘人。第四子金剛。身長而多智。萱特愛之。意欲傳位。其兄神劒良劒龍劒知之憂悶。時良劒爲康州都督。龍劒爲武州都督。獨神劒在側。伊飡能奐使人往康武二州。與

原本雚作雀今據本傳改
夫疑父訛
五疑王訛
本傳朝鮮史畧並乂作乂
三十人下疑有脫文麗史云甄萱與季男能乂女哀福嬖妾姑比等奔羅州請入朝遣將軍庾黔弼大匡萬歲元甫香乂吳淡能宣忠質等領軍船四十餘艘由海路迎之麗史衙前作衙官
原本投作從今據本傳改
本傳可作事
原本則作即今據本傳改
本傳後作將
原本地作下今據本傳改
本傳十作一

艮劒等謀。至淸泰二年乙未春三月。與英順等勸神劒。幽萱於金山佛宇。遣人殺金剛。神劒自稱大王。赦境內云云。初萱寢未起。遙聞宮庭呼喊聲。問是何聲歟。告父曰。五年老暗於軍國政要。長子神劒攝父王位。而諸將歡賀聲也。俄移父於金山佛宇。以巴達等壯士三十人守之。童謠曰。可憐完山兒。失父涕連洒。萱與後宮年少男女二人侍婢古比女內人能乂男等囚繫。至四月。釀酒而飮醉守卒三十人。而與小元甫香乂吳琰忠質等以海路迎之。既至。以萱十年之長。尊號爲尙父。安置于南宮。賜楊州食邑田莊•奴婢四十口•馬九匹。以其國先來降者信康爲衙前。甄萱婿將軍英規密語其妻曰。大王勤勞四十餘年。功業垂成。一旦以家人之禍失地。投於高麗。夫貞女不可二夫。忠臣不事二主。若捨己君。以事逆子。則何顔以見天下之義士乎。況聞高麗王公仁厚勲儉。以得民心。殆天啓也。必爲三韓之主。盍致書以安慰我王。兼慇懃於王公。以圖後來之福乎。妻曰。子之言是吾意也。於是天福元年丙申二月。遣人致意於太祖曰。君擧義旗。請爲內應以迎王師。太祖喜。厚賜其使者遣之。謝英規曰。若蒙恩一合。無道路之梗。卽先致謁於將軍。然後升堂拜夫人。兄事而姊尊之。必終有以厚報之。天地鬼神皆聞此語。六月。萱告太祖。老臣所以投身於殿下者。願仗殿下威稜•以誅逆子耳。伏望大王借以神兵。殲其賊亂。臣雖死無憾。太祖曰。非不欲討之。待其時也。先遣太子及正將軍述希領步騎十萬•趣天安府。秋九月。太祖率三軍至天安。合兵進次一善。神劒以兵逆之。甲午。隔一利川相對。王師背艮向坤而陣。太祖與萱觀兵。忽白雲狀如劒戟

本傳勞慰作慰勞生疑出

本傳慰之作慰籍

本傳家作宗而據本傳補

起。我師向彼行焉。乃鼓行而進。百濟將軍孝奉德述哀述明吉等。望兵勢大而整。棄甲降於陣前。太祖勞慰之。問將帥所在。孝奉等曰。元帥神劒在中軍。太祖命將軍公萱等。三軍齊進挾擊。百濟軍潰北至黃山炭峴。神劒與二弟將軍富達能奐等四十餘人生降。太祖受降。餘皆勞之。許令與妻子上京。問能奐曰。始與良劒等密謀囚大王立其子者。汝之謀也。爲臣之義。當如是乎。能奐俛首不能言。遂命誅之。以神劒僭位爲人所脅•非其本心•又且歸命乞罪。特原其死。甄萱憂懣發疽。數日卒於黃山佛舍。九月八日也。壽七十。太祖軍令嚴明。士卒不犯秋毫。州縣安堵。老幼皆呼萬歲。謂英規曰。前王失國後。其臣子無一人慰之者。獨卿夫妻千里嗣音。以致誠意。兼歸美於寡人。其義不可忘。許職左承。賜田一千頃。許借驛馬三十五匹以迎家人。賜其二子以官。甄萱起唐景福元年。至晋天福元年。共四十五年。丙申滅。

史論曰。新羅數窮道喪。天無所助。民無所歸。於是群盜投隙而作。若猬毛然。其劇者弓裔甄萱二人而已。弓裔本新羅王子而反。以家國爲讎。至斬先祖之畫像。其爲不仁甚矣。甄萱起自新羅之民。食新羅之祿。(而)包藏禍心。幸國之危。侵軼都邑。虔劉君臣若禽獸。實天下之元惡。故弓裔見棄於其臣。甄萱產禍於其子。皆自取之也。又誰咎也。雖項羽李密之雄才。不能敵漢唐之興。而況裔萱之凶人。豈可與我太祖相抗歟。

駕洛國記

文廟朝。大康年間。金官知州事文人所撰也。今略而載之。

開闢之後。此地未有邦國之號。亦無君臣之稱。越有我刀干•汝刀干•彼刀干•五刀干•留水干•

百疑万訛

十朋疑卜明訛

留天干•神天干•五天干•神鬼干等九干者。是酋長。領總百姓。凡一百戶。七萬五千人。多以自都山野。鑿井而飮。耕田而食。屬後漢世祖光武帝建武十八年壬寅三月禊洛之日。所居北龜旨(是峰巒之稱。若十朋伏之狀。故云也。)有殊常聲氣呼喚。衆庶二三百人集會於此。有如人音。隱其形而發其音曰。此有人否 九干等云。吾徒在。又曰。吾所在爲何。對云龜旨也。又曰。皇天所以命我者。御是處。惟新家邦。爲君后。爲茲故降矣。你等須掘峯頂撮土。歌之云。龜何龜何。首其現也。若不現也。燔灼而喫也。以之蹈舞。則是迎大王。歡喜踴躍之也。九干等如其言。咸忻而歌舞。未幾仰而觀之。唯紫繩自天垂而着地。尋繩之下。乃見紅幅裹金合子。開而視之有黃金卵六圓如日者。衆人悉皆驚喜。俱伸百拜。尋還。裹著抱持而歸我刀家寘榻上。其衆各散。過浹辰。翌日平明。衆庶復相聚集開合。而六卵化爲童子。容貌甚偉。仍坐於床。衆庶拜賀。盡恭敬止。日日而大。踰十餘晨昏。身長九尺則殷之天乙。顏如龍焉則漢之高祖。眉之八彩則有唐之高。眼之重瞳則有虞之舜。其於月望日卽位也。始現故諱首露。或云首陵。(首陵是崩後謚也)國稱大駕洛。又稱伽耶國。卽六伽耶之一也。餘五人各歸爲五伽耶主。東以黃山江。西南以滄海。西北以地理山。東北以伽耶山南而爲國尾。俾創假宮而入御。但要質儉。茅茨不剪。土階三尺。二年癸卯春正月。王若曰。朕欲定置京都。仍駕幸假宮之南新畓坪。(是古來閑田新耕作故云也。畓乃俗文也。)四望山嶽。顧左右曰。此地狹小如蓼葉。然而秀異。可爲十六羅漢住地。何況自一成三•自三成七•七聖住地•固合于是。托土開疆。終然允臧歟。築置一千五百步周廻羅城•宮禁

鷲上疑脫於

木疑水訛

與新羅屬難解

與下疑脫卿

殿宇●及諸有司屋宇●虎庫倉廩之地。事訖還宮。徧徵國內丁壯人夫工匠。以其月二十日資始金陽。暨三月十日役畢。其宮闕屋舍●候農隙而作之。經始于厥年十月。逮甲辰二月而成。涓吉辰御新宮。理萬幾而懃庶務。忽有琓夏國含達王之夫人妊娠。彌月生卵。卵化爲人。名曰脫解。從海而來。身長三尺。頭圍一尺。悅焉詣闕。語於王云。我欲奪王之位。故來耳。王答曰。天命我俾卽于位。將令安中國而綏下民●不敢違天之命●以與之位。又不敢以吾國吾民●付囑於汝。解云。若爾可爭其術。王曰可也。俄頃之間。解化爲鷹。王化爲鷲。又解化爲雀。王化爲鸇。于此際也。寸陰未移。解还本身。王亦復然。解乃伏膺曰。僕也適於角術之場。鷹之鷲。雀之於鸇。獲免焉。此盖聖人惡殺之仁而然乎。僕之與王。爭位良難。便拜辭而出。到麟郊外渡頭。將中朝來泊之木道而行。王竊恐滯留謀亂。急發舟師五百艘而追之。解奔入雞林地界。舟師盡還。事記所載多異。與新羅屬建武二十四年。戊申七月二十七日。九干等朝謁之次獻言曰。大王降靈已來。好仇未得。請臣等有所處女絕好者。選入宮闈。俾爲伉儷。王曰。朕降于茲天命也。配朕而作后。亦天之命。卿等無慮。遂命留天干押輕舟。持駿馬。到望山島立待。申命神鬼干就乘岾。望山島。京南島嶼也。乘岾。輦下國也。忽自海之西南隅。掛緋帆●張茜旗●而指乎北。留天等先擧火於島上。則競渡下陸。爭奔而來。神鬼望之。走入闕奏之。上聞欣欣。尋遣九干等。整蘭橈●揚桂楫而迎之。旋欲陪入內。王后乃曰。我與等素昧平生焉。敢輕忽相隨而去。留天等返達后之語。王然之。率有司動蹕。從闕下西南六十步許地。山邊設幔殿祇候。

地疑他

棗疑棗誤棗字古文作枣

感咸音通

王后於山外別浦津頭·維舟登陸。憩於高嶠、解所著綾袴爲贄、遺于山靈也。其地侍從媵臣二員、名曰申輔趙匡、其妻二人。號慕貞慕良、或臧獲幷計二十餘口。所賫錦繡綾羅·衣裳疋段·金銀珠玉·瓊玖服玩器·不可勝記。王后漸近行在、上出迎之、同入帷宮。媵臣已下衆人。就階下而見之卽退、上命有司、引媵臣夫妻曰。人各以一房安置、已下臧獲各一房五六人安置。給之以蘭液蕙醑、寢之以文茵彩薦。至於衣服疋段寶貨之類。多以軍夫遴集而獲之。於是王與后共在御國寢、從容語王曰、妾是阿踰陁國公主也、姓許名黃玉。年二八矣。在本國時。今年五月中、父王與皇后顧妾而語曰、爺孃一昨夢中。同見皇大上帝。謂曰。駕洛國元君首露者。天所降而俾御大寶、乃神乃聖、惟其人乎。且以新莅家邦。未定匹偶。卿等須遣公主而配之、言訖升天。形開之後、上帝之言、其猶在耳。儞於此而忽辭親向彼乎。往矣妾也、浮海遐尋於蒸棗、移天夐赴於蟠桃、螓首敢叨龍顏是近、王答曰。朕生而頗聖。先知公主自遠而屆、下臣有納妃之請、不敢從焉、今也淑質自臻。眇躬多幸。遂以合歡、兩過淸宵。一經白晝。於是遂還來、船篙工楫師共十有五人、各賜粮粳米十碩·布三十疋、令歸本國。八月一日迴鑾。與后同輦、媵臣夫妻齊鑣並駕、其漢肆雜物、咸使乘載、徐徐入闕、時銅壺欲午。王后爰處中宮、勅賜媵臣夫妻·私屬·空閑二室分入、餘外從者以賓館。一坐二十餘間。酌定人數、區別安置。日給豐羨、其所載珍物、藏於內庫、以爲王后四時之費。一日上語臣下曰、九干等俱爲庶僚之長、其位與名·皆是宵人野夫之號、頓非簪履職位之稱、儻化外傳

五方當五刀下字下疑脫爲德下疑脫神天

國上疑脫治

忘上疑脫不

拋字難解

圓疑闃訛

避建作立以下倣此金庾信傳銜作次休蓋音通

庶云金庾信條作舒玄蓋音通

聞。必有嗤笑之耻。遂改我刀爲我躬。汝刀爲汝諧。彼刀爲彼藏。五方爲五常。留水留天之
名。不動上字。改下字留功留德。改爲神道。五天改爲五能。神鬼之音不易。改訓爲臣貴。取
雞林職儀。置角干阿叱干級干之秩。其下官僚。以周判漢儀而分定之。斯所以革古鼎新設官
分職之道歟。於是乎□國齊家。愛民如子。其敎不肅而威。其政不嚴而理。況與王后而居也。
比如天之有地。日之有月。陽之有陰。其功也塗山翼夏。唐媛興嬌。頻年有夢得熊羆之兆。誕
生太子居登公。靈帝中平六年己巳三月一日后崩。壽一百五十七。國人如嘆坤崩。葬於龜旨
東北塢。遂欲忘子愛下民之惠。因號初來下纜渡頭村曰主浦村。解綾袴高岡曰綾峴。茜旗行
入海涯曰旗出邊。媵臣泉府卿申輔宗正監趙匡等到國三十年。後各產二女焉。夫與婦踰一二
年而皆拋信也。其餘臧獲之輩。自來七八年間。未有玆子生。唯抱懷土之悲。皆首丘而沒。
所舍賓館。圓其無人。元君乃每歌鰥枕。悲嘆良多。隔二五歲。以獻帝立安四年己卯三月二
十三日而殂落。壽一百五十八歲矣。國中之人若亡天。只悲慟甚於后崩之日。遂於闕之艮方
平地。造立殯宮。高一丈。周三百步而葬之。號首陵王廟也。自嗣子居登王洎九代孫仇衡之
享是廟。須以每歲孟春三之日。七之日。仲夏重五之日。仲秋初五之日。十五之日。豐潔之奠。
相繼不絕。洎新羅第三十五王法敏龍朔元年辛酉三月日。有制曰朕是伽耶國元君九代孫仇衡
王之降于當國也。所率來子世宗之子率友公之子庶云匝干之女文明皇后寔生我者。玆故元君
於幼冲人。乃爲十五代始祖也。所御國者已曾敗。所葬廟者今尙存。合于宗祧。續乃祀事。

趾下疑脫納

仍遣使於黍離之趾。□近廟上上田三十頃。爲供營之資。號稱王位田。付屬本土。王之十七代孫賡世級干祗稟朝旨。主掌厥田。每歲時釀醪醴。設以餠飯茶菓庶羞等奠。年年不墜。其祭日不失居登王之所定年內五日也。芬苾孝祀。於是乎在我。自居登王卽位己卯年置便房。降及仇衡朝。末三百三十載之中。享廟禮曲。永無違者。其乃仇衡失位去國。逮龍朔元年辛酉。六十年之間。享是廟禮或闕如也。美矣哉文武王。法敏王諡也先奉尊祖。孝乎惟孝。繼泯絕之祀復行之也。新羅季末有忠至匝干者。攻取金官高城。而爲城主將軍。爰有英規阿干。假威於將軍。奪廟享而淫祀。當端午而致告祠。堂梁無故折墜。因覆壓而死焉。於是將軍自謂。宿因多幸。辱爲聖王所御。國城之奠。宜我畫其眞影。香燈供之。以酬玄恩。遂以鮫絹三尺摸出眞影。安於壁上。旦夕膏炷。瞻仰虔至。才三日。影之二目流下血淚。而貯於地上。幾一斗矣。將軍大懼。捧持其眞。就廟而焚之。卽召王之眞孫圭林而謂曰。昨有不祥事。一何重疊。是必廟之威靈。震怒余之圖畫而供養不孫。英規旣死。余甚怪畏。影已燒矣。必受陰誅。卿是王之眞孫。信合依舊以祭之。圭林繼世奠酹。年及八十八歲而卒。其子間元卿。續而克禋。端午日謁廟之祭。英規之子俊必又發狂。來詣廟。俾徹間元之奠。以己奠陳享。三獻未終。得暴疾歸而家斃。然古人有言。淫祀無福。反受其殃。前有英規。後有俊必。父子之謂乎。又有賊徒。謂廟中多有金玉。將來盜焉。初之來也。有躬擐甲冑●張弓挾矢●猛士一人。從廟中出。四面雨射。中殺七八人。賊徒奔走。數日再來。有大蟒長三十餘尺。眼光如電。

忘亡晉通

自廟旁出。咬殺八九人。粗得完免者。皆僵仆而散。故知陵園表裏●必有神物護之。自建安四
年己卯始造。逮今上御圖三十一載大康二年丙辰。凡八百七十八年。所封美土。不騫不崩。
所植佳木。不枯不朽。況所排列萬蘊玉之片片。亦不頹坼。由是觀之。辛替否曰。自古迄今。
豈有不亡之國●不破之墳。唯此駕洛國之昔曾亡。則替否之言有徵矣。首露廟之不毀。則替
否之言未足信也。此中更有戲樂思慕之事。每以七月二十九日。土人吏卒。陟乘岾。設帷幕。
酒食歡呼。而東西送目。壯健人夫。分類以左右之。自望山島。駮蹄駸駸。而競湊於陸。鷁
首泛泛。而相推於水。北指古浦而爭趨。蓋此昔留天神鬼等望后之來。急促告君之遺跡也。
國亡之後。代代稱號不一。新羅第三十一政明王卽位開耀元年辛巳。號爲金官京。置大守。
後二百五十九年屬我太祖統合之後。代代爲臨海縣。置排岸使。四十八年也。次爲臨海郡。
或爲金海府。置都護府。二十七年也。又置防禦使。六十四年也。淳化二年金海府量田使中
大夫趙文善申省狀。稱首露陵王廟屬田結數多也。宜以十五結仍舊貫。其餘分折於府之役丁。
所司傳狀奏聞。時廟朝宣旨曰。天所降卵。化爲聖君。居位而延齡。則一百五十八年也。自
彼三皇而下。鮮克比肩者歟。崩後自先代俾屬廟之壠畝。而今減除。良堪疑懼。而不允。使又
申省。朝廷然之。半不動於陵廟中。半分給於鄕人之丁也。節使(量田使稚也)受朝旨。乃以半屬於陵
園。半以支給於府之徭役戶丁也。幾臨事畢。而甚勞倦。忽一夕夢見七八介鬼神●執縲紲●握
刀劍而至。云儞有大憝。故加斬戮。其使以謂受刑而慟楚。驚懼而覺。仍有疾瘵。勿令人知之。

五百下恐脫歲
右寺三剛雖解

宵遁而行。其病不問渡關而死。是故量田都帳不著印也。後人奉使來。審撿厥田。才一結十二負九束也。不足者三結八十七負一束矣。乃推鞫斜入處。報告內外官勅理足支給焉。又有古今所嘆息者。元君八代孫金銍王。克勤爲政。又切崇眞。爲世祖母許皇后奉資冥福。以元嘉二十九年壬辰。於元君與皇后合婚之地創寺。額曰王后寺。遣使審量近側平田十結。以爲供億三寶之費。自有是寺五百後。置長遊寺所納田柴幷三百結。於是右寺三剛。以王后寺在寺柴地東南標內。罷寺爲莊。作秋收冬藏之場。秣馬養牛之廐。悲夫。世祖已下九代孫曆數。委錄于下。銘曰。

元胎肇啓　利眼初明　人倫雖誕　君位未成　中朝累世　東國分京　雞林先定　駕洛後營
自無銓宰　誰察民氓　遂茲玄造　顧彼蒼生　用授符命　特遣精靈　山中降卵　霧裏藏刑
內猶漠漠　外亦冥冥　望如無象　聞乃有聲　群歌而奏　衆舞而呈　七日而後　一時所寧
風吹雲卷　空碧天青　下六圓卵　垂一紫纓　殊方異土　比屋連甍　觀者如堵　覩者如羹
五歸各邑　一在茲城　同時同迹　如弟如兄　實天生德　爲世作程　寶位初陟　寰區欲淸
華構徵古　土階尙平　萬機始勉　庶政施行　無偏無儻　惟一惟精　行者讓路　農者讓耕
四方奠枕　萬姓迓衡　俄晞薤露　靡保椿齡　乾坤變　朝野痛情　金相其躅　玉振其聲
來苗不絕　薦藻惟馨　日月雖逝　規儀不傾

居登王　父首露王。母許王后。立安四年己卯三月二十三日卽位。治五十五年。嘉平

五年癸酉九月十七日崩○王妃泉府卿申輔女慕貞○生太子麻品○開皇曆云○姓金氏○盖國世祖從金卵而生故以金爲姓爾○

麻品王

一云馬品○金氏○嘉平五年癸酉卽位○治三十九年○永平元年辛亥一月二十九日崩○王妃宗正監趙匡孫女好仇○生太子居叱彌○

居叱彌王

一云今勿○金氏○永平元年卽位○治五十六年○永和二年丙午七月八日崩○王妃阿躬阿干孫女阿志○生王子伊品○

伊尸品王

金氏○永和二年卽位○治六十二年○義熙三年丁未四月十日崩○王妃司農卿克忠女貞信○生王子坐知○

坐知王

一云金叱○義熙三年卽位○娶傭女○以女黨爲官○國內擾亂○雞林國以謀欲伐○有一臣名朴元道○諫曰遺草閱閱亦含羽○况乃人乎○天亡地陷○人保何基○又卜士筮得解卦○其辭曰○解而悔○朋至斯孚○君鑑易卦乎○王謝曰○可擯傭女○貶於荷山島○改行其政○長御安民也○治十五年○永初二年辛酉五月十二日崩○王妃道寧大阿干女福壽○生子吹希

悔疑拇訛

吹希王

一云叱嘉○金氏○永初二年卽位○治三十一年○元嘉二十八年辛卯二月三日崩○王妃進思角干女仁德○生王子銍知○

銍知王

一云金銍王○元嘉二十八年卽位○明年爲世祖許黃玉王后○奉資冥福於初與世

祖合御之地。創寺曰王后寺。納田十結充之。治四十二年。永明十年壬申十月四日崩。王妃金相沙干女邦媛。生王子鉗知。

鉗知王

一云金鉗王。永明十年即位。治三十年。正光二年辛丑四月七日崩。王妃出忠角干女淑。生王子仇衡。

仇衡王

朝鮮史畧作仇衡衡盖衙訛

金氏。正光二年卽位。治四十二年。保定二年壬午九月。新羅第二十四君眞興王。興兵薄伐。王使親軍卒。彼衆我寡。不堪對戰也。仍遣同氣脫知尒叱今留在於國。王子上孫卒支公等降入新羅。王妃分叱水尒叱女桂花。生三子。三子云云羅紀作長曰奴宗仲曰武德季曰武刀一世宗角干。二茂刀角干。三茂得角干。開皇錄云。梁中大通四年壬子降于新羅。

議曰。案三國史。仇衡以梁中大通四年壬子納土投羅。則計自首露初卽位東漢建武十八年壬寅。至仇衡末壬子。得四百九十年矣。若以此記考之。納土在元魏保定二年壬午。則更三十年。總五百二十年矣。今兩存之。

三國遺事卷第二終

三國遺事卷第三

肥耙音通後傚此

興法第三

順道肇麗

道公之次。亦有法深義淵曇嚴之流。相繼而興敎。然古傳無文。今亦不敢編次。詳見僧傳。

高麗本記云。小獸林王卽位二年壬申。乃東晋咸安二年孝武帝卽位之年也。前秦苻堅遣使及僧順道。送佛像經文。時堅都關中。卽長安。又四年甲戌。阿道來自晋。明年乙亥二月。創肖門寺以置順道。又創伊弗蘭寺以置阿道。此高麗佛法之始。僧傳作二道來自魏云者誤矣。實自前秦而來。又云肖門寺今興國。伊弗蘭寺今興福者亦誤。按麗時都安市城。一名安丁忽。在遼水之北。遼水一名鴨淥。今云安民江。豈有松京之興國寺名。讚曰。鴨淥春深渚草鮮。白沙鷗鷺等閑眠。忽驚柔櫓一聲遠。何處漁舟客到烟。

難陁闢濟

百濟本記云。第十五僧傳云十四誤枕流王卽位甲申。東晋武孝帝大元九年胡僧摩羅難陁至自晋。迎置宮中禮敬。明年乙酉。創佛寺於新都漢山州。度僧十人。此百濟佛法之始。又阿莘王卽位大元十七年二月。下敎崇信佛法求福。摩羅難陁。譯云童學。其異迹詳見僧傳讚曰。天造從來草昧間。大都爲伎也應難。翁翁自解呈歌舞。引得旁人借眼看。

阿道基羅

一作我道。又阿頭。

新羅本記第四云。第十九訥祇王時。沙門墨胡子自高麗至一善郡。郡人毛禮或我毛祿於家中作堀室安置。時梁遣使賜衣著香物。高得相詠史詩云。梁遣使僧曰元表。宣送溟檀及經像。君臣不知其香名與其所用。遣人齎香遍

注德下疑脫王

問國中。墨胡子見之曰。此之謂香也。焚之則香氣芬馥。所以達誠於神聖。神聖未有過於三
寶。若燒此發願。則必有靈應。訥祗在晉宋之世。而云梁遣使。恐誤。時王女病革。使召墨胡子。焚香表誓。王女
之病尋愈。王喜厚加賚貺。俄而不知所歸。又至二十一毗處王時。有我道和尙。與侍者三
人。亦來毛禮家。儀表似墨胡子。住數年。無疾而終。其侍者三人留住。講讀經律。往往有
信奉者。有注云與本碑及諸傳記殊異。又高僧傳云西竺人。或云從吳來。按我道本碑云。我道高麗人也。母高道寧。正始間。曹魏
人我姓我也崛摩奉使句麗。私之而還。因而有娠。師生五歲。其母令出家。年十六歸魏。省覲
崛摩。投玄彰和尙講下就業。年十九又歸寧於母。母謂曰。此國于今不知佛法。爾後三千餘
月雞林有聖王出。大興佛敎。其京都內有七處伽藍之墟。一曰金橋東天鏡林。今興輪寺。金橋謂西川之橋。俗訛呼
云松橋也。寺自我道始基。而中廢。至法興王丁未草創。乙卯大開。眞興王畢成。二曰三川岐。今永興寺。與興輪開同代。三曰龍宮南。今皇龍寺。眞興王癸酉始開。四曰龍宮
北。今芬皇寺。善德甲午始開。五曰沙川尾。今靈妙寺。善德王乙未始開。六曰神遊林。今天王寺。文武王己卯開。七曰婿請田。今曇嚴寺。皆前佛時
伽藍之墟。法水長流之地。爾歸彼而播揚大敎。當東嚮於釋祀矣。道稟敎至雞林。寓止王城
西里。今嚴莊寺。于時未雛王卽位二年癸未也。詣闕請行敎法。世以前所未見爲嫌。至有將
殺之者。乃逃隱于續林。今一善縣毛祿家。祿與禮形近之訛。古記云。法師初來毛祿家。時天地震驚。時人不知僧名。而云阿頭彡麼。彡麼者乃鄕言之稱僧也。猶言沙彌也。三年。時成
國公主疾。巫醫不効。勑使四方求醫。師率然赴闕。其疾遂理。王大悅。問其所須。對曰。
貧道百無所求。但願創佛寺於天鏡林。大興佛敎。奉福邦家爾。王許之。命興工。俗方質
儉。編茅葺屋。住而講演。時或天花落地。號興輪寺。毛祿之妹名史氏。投師爲尼。亦於三

川岐○創寺而居○名永興寺○未幾○未雛王卽世○國人將害之○師還毛祿家○自作塚○閉戶自絕○遂不復現○因此大敎亦廢○至二十三法興大王○以蕭梁天監十三年甲午登位○乃興釋氏○距未雛王癸未之歲二百五十二年○道寧所言三千餘月驗矣○據此○本記與本碑○二說相戾○不同如此○嘗試論之○梁唐二僧傳●及三國本史皆載○麗濟二國佛敎之始○在晉末大元之間○則二道法師○以小獸林甲戌到高麗明矣○此傳不誤○若以毗處王時方始到羅○則是阿道留高麗百餘歲乃來也○雖大聖行止出沒不常○未必皆爾○抑亦新羅奉佛非晚甚如此○又若在未雛之世○則却超先於到麗甲戌百餘年矣○于時雞林未有文物禮敎○國號猶未定○何暇阿道來請奉佛之事○又不合高麗未到而越至于羅也○設使暫興還廢○何其間寂寥無聞●而尙不識香名哉○一何大後○一何大先○揆夫東漸之勢○必始于麗濟而終乎羅○則訥祇旣與獸林世相接也○阿道之辭麗抵羅○宜在訥祇之世○又王女救病○皆傳爲阿道之事○則所謂墨胡者非眞名也○乃指目之辭○如梁人指達摩爲碧眼胡●晉調釋道安爲柒道人類也○乃阿道危行避諱○而不言名姓故也○蓋國人隨其所聞○以墨胡阿道二名○分作二人爲傳爾○況云阿道儀表似墨胡○則以此可驗其一人也○道寧之序七處○直以創開先後預言之○而傳失之○故今以沙川尾躋五次○三千餘月未必盡信書○自訥祇之世抵乎丁未○无慮一百餘年○若曰一千餘月○則殆幾矣○姓我○單名疑贋難詳○又按元魏釋曇始(一云惠始)傳云○始關中人○自出家已後○多有異迹○晉孝武大元年末○賫經律數十部○往遼東宣化○現授三乘立以歸戒○蓋高麗聞道之始也○義熙初復

宜疑宣訛弭當作弘

還關中。開導三輔。始足白於面。雖涉泥水。未嘗沾濕。天下咸稱白足和尚云。晉末。朔方凶奴赫連勃勃。破獲關中。斬戮無數。時始亦遇害。刀不能傷。勃勃嗟嘆之。普赦沙門。悉皆不殺。始於是潛遁山澤。修頭陁行。拓拔燾復尅長安。擅威關洛。時有博陵崔皓。小習左道。猜嫉釋敎。旣位居僞輔。爲燾所信。乃與天師寇謙之說燾。佛敎無益。有傷民利。勸令廢之云云。大平之末。始方知燾將化時至。乃以元會之日。忽杖錫到宮門。燾聞令斬之。屢不傷。燾自斬之亦無傷。飼北園。所養虎亦不敢近。燾大生慚懼。遂感癘疾。崔寇二人相次發惡病。燾以過由於彼。於是誅滅二家門族。宜下國中。大弭佛法。始後不知所終。議曰。曇始以大元末到海東。義熙初還關中。則留此十餘年。何東史無文。始旣恢詭不測之人。而與阿道・墨胡・難陁・年事相同。三人中疑一必其變諱也。讃曰。雪擁金橋凍不開。雞林春色未全廻。可怜靑帝多才思。先着毛郎宅裏梅。

原宗興法 距訥祇世一百餘年 猒髑滅身

新羅本記。法興大王卽位十五年。小臣異次頓爲法滅身。卽蕭梁普通八年丁未。西竺達摩來金陵之歲也。是年、朗智法師亦始住靈鷲山開法。則大敎興衰。必遠近相感。一時於此可信元和中。南澗寺沙門一念撰髑香墳禮佛結社文。載此事甚詳。其畧曰。昔在法興大王垂拱紫極之殿。俯察扶桑之域。以謂昔漢明感夢。佛法東流。寡人自登位。願爲蒼生欲造修福滅罪之處、於是朝臣 鄕傳云。工目謁恭等。 未測深意。唯遵理國之大義。不從建寺之神畧。大王嘆曰。於戲。

注喰當作飡

郡羣音通

鼈疑鼈訛

寡人以不德丕承大業。上虧陰陽之化。下無黎庶之歡。萬機之暇。留心釋風。誰與爲伴。粤有內養者。姓朴字厭髑。或作異次。或云伊處。方音之別也。譯云厭也。髑頓道覩獨等皆隨書者之便。乃助辭也。今譯上不譯下。故云厭髑。又厭覩等也。其父未詳。祖。阿珍宗。卽習寶葛文王之子也。新羅官爵凡十七級。其第四曰波珍喰。亦云阿珍喰也。宗其名也。習寶亦名也。羅人凡追封王者。皆稱葛文王。其實史臣亦云未詳。又按金用行撰阿道碑。舍人時年二十六。父吉升。祖功漢。曾祖乞解大王。挺竹柏而爲質。抱水鏡而爲志。積善曾孫。望宮內之爪牙。聖朝忠臣。企河淸之登侍。時年二十二。當充舍人。羅爵有大舍小舍等。蓋下士之秩。瞻仰龍顏。知情擧目。奏云。臣聞古人問策芻蕘。願以危罪啓諮。王曰。非爾所爲。舍人曰。爲國亡身•臣之大節。爲君盡命•民之直義。以謬傳辭•刑臣斬首。則萬民咸伏。不敢違敎。王曰解肉枰軀•將贖一鳥。洒血摧命•自怜七獸。朕意利人。何殺無罪。汝雖作功德。不如避罪。舍人曰。一切難捨•不過身命。然小臣夕死。大敎朝行。佛日再中。聖主長安。王曰。鸞鳳之子•幼有淩霄之心。鴻鵠之兒•生懷截波之勢。爾得如是。可謂大士之行乎。於焉大王權整威儀。風刀東西。霜仗南北。以召群臣。乃問卿等於我欲造精舍。故作留難。鄕傳云。髑爲以王命傳下。興工創寺之意。羣臣來諫。王乃責怒於髑。刑以僞傳王命。於是群臣戰戰兢懼。傯侗作誓。指手東西。王喚舍人而詰之。舍人失色。無辭以對。大王忿怒。勅令斬之。有司縛到衙下。舍人作誓。獄吏斬之。白乳湧出一丈。鄕傳云。舍人誓曰。大聖法王欲興佛敎。不顧身命。多却結緣。天垂瑞祥。遍示人庶。於是其頭飛出。落於金剛山頂云云。天四黯黲。斜景爲之晦明。地六震動。雨花爲之飄落。聖人哀戚。沾悲淚於龍衣。冢宰憂傷。流輕汗於蟬冕。甘泉忽渴。魚鼈爭躍。直木先折。猿猱群鳴。春宮連鑣之侶。泣血相顧。月庭交袖之朋。斷腸惜別。望柩聞聲。如喪考妣。咸謂子推割股。未足比其苦節。

耆嘉訛

鎭疑鎮訛

喰當作飡

弘演刳腹。詎能方其壯烈。此乃扶丹墀之信力。成阿道之本心。聖者也。遂乃葬北山之西嶺。（卽金剛山也。傳云。頭飛落處。因葬其地。今不言何也。）內人哀之。卜勝地造蘭若。名曰刺楸寺。於是家家作禮。必獲世榮。人人行道。當曉法利。眞興大王卽位五年甲子。造大興輪寺。（按國史與鄕傳。實法興王十四年丁未始開。二十二年乙卯大伐天鏡林。始興工。梁棟之材。皆於其林中取足。而階礎石龕皆有之。至眞興王五年甲子寺成。故云甲子。僧傳云七年誤。）至大淸之初。梁使沈湖將舍利。天壽六年。陳使劉思幷僧明觀奉內經幷次。寺寺星張。塔塔鴈行。竪法幢。懸梵鏡。龍象釋徒。爲寰中之福田。大小乘法。爲京國之慈雲。他方菩薩。出現於世。（謂芬皇之陳那浮石寶。蓋以至洛山五臺等是也。）西域名僧。降臨於境 由是併三韓而爲邦。掩四海而爲家。故書德名於天鎭之樹。影神迹於星河之水。豈非三聖威之所致也。（謂我道法興厭髑也）降有國統惠隆法主孝圓金相郎大統鹿風大書省眞怒波珍喰金嶷等建舊塋。樹豐碑。元和十二年丁酉八月五日。卽第四十一憲德大王九年也。興輪寺永秀禪師（于時瑜伽諸德皆稱禪師）結湊斯冢。禮佛之香徒。每月五日。爲魂之妙願。營壇作梵。又鄕傳云。鄕老每當忌旦。設社會於興輪寺。則今月初五。乃舍人捐軀順法之晨也。嗚呼。無是君無是臣。無是臣無是功。可謂劉葛魚水●雲龍感會之美歟。法興王旣擧廢立寺。寺成。謝冕旒披方袍。施宮戚爲寺隸。（寺隸至今稱王孫。後至太宗王時。宰輔金良圖信向佛法。有二女曰花寶。蓮寶。捨身爲此寺婢。又以逆臣毛尺之族。沒寺爲隸。二族之裔至今不絕。）主住其寺。躬任弘化。眞興乃繼德重聖。承袞職處九五。威率百僚。號令畢備。因賜額大王興輪寺。前王姓金氏。出家法雲。字法空。（僧傳與諸說亦以王妃出家名法雲。又眞興王爲法雲。又以爲眞興之妃名法雲。頗多疑混。）冊府元龜云。姓募。名秦。初興役之乙卯歲。王妃亦創永興寺。慕史氏之遺風。同王落彩爲尼。名妙法。亦住永興寺。有年而終。國史云。建福三十一年。永興寺塑像自壞。未幾。眞興王妃比丘尼卒。按眞興乃法興之姪子。妃思刀夫人朴氏。牟梁里英失角干之女。亦出家爲尼。而非永興寺之創主也。則恐眞字當作法。謂法興之妃巴刁夫人爲尼者之卒也。乃創寺立像之主故也。二興捨位出家。史不書。非經世之訓也又於大通元年丁未。爲梁帝創寺於熊川州。名大通寺。(熊川卽公州也。時屬新羅故也。然恐非丁未也。乃中大通元年己酉歲所創也。始創興輪之丁未。未暇及於他郡立寺也。)讚曰。聖智從來萬世謀。區區輿議謾秋毫。法輪解逐金輪轉。舜日方將佛日高。

右原宗　徇義輕生已足驚。天花白乳更多情。俄然一釼身亡後。院院鐘聲動帝京。　右厭髑

法王禁殺

百濟第二十九主法王諱宣。或云孝順。開皇十年己未卽位。是年冬。下詔禁殺生。放民家所養鷹鷂之類。焚漁獵之具。一切禁止。明年庚申度僧三十人。創王興寺於時都泗沘城。(今扶餘)始立栽而升遐。武王繼統。父基子構。曆數紀而畢成。其寺亦名彌勒寺。附山臨水。花木秀麗。四時之美具焉。王每命舟。沿河入寺。賞其形勝壯麗。(與古記所載小異。武王是貧母與池龍通交而所生。小名薯蕷。卽位後謚號武王。初與王妃草創也。)讚曰。詔寬狗𤝔千丘惠。澤洽豚魚四海仁。莫道聖君輕下世。上方兜率正芳春。

寶藏奉老　普德移庵

高麗本記云。麗季武德貞觀間。國人爭奉五斗米敎。唐高祖聞之。遣道士送天尊像來。講道德經。王與國人聽之。卽第二十七代榮留王卽位七年武德七年甲申也。明年遣使往唐。求學佛老。唐帝(謂高祖也)許之。及寶藏王卽位。(貞觀十六年壬午也)亦欲併興三敎。時寵相蓋蘇文。說王以儒釋並

永疑求訛

熾●而黃冠未盛。特使於唐求道敎。時普德和尙住盤龍寺。憫左道匹正●國祚危矣。屢諫不聽乃以神力飛方丈。南移于完山州今全州也孤大山而居焉。卽永徽元年庚戌六月也。又本傳云。乾封二年丁卯三月三日也。未幾國滅。以惣章元年戊辰國滅。則計距庚戌十九年矣。今景福寺有飛來方丈是也云云。已上國史眞樂公留詩在堂。文烈公著傳行世。又按唐書云。先是隋煬帝征遼東。有裨將羊皿不利於軍。將死有誓曰。必爲寵臣滅彼國矣。及蓋氏擅朝。以盖爲氏。乃以羊皿是之應也。又按高麗古記云。隋煬帝以大業八年壬申。領三十萬兵。渡海來征。十年甲戌十月。高麗王時第三十六代嬰陽王立二十五年也上表乞降。時有一人密持小弩懷中。隨持表使到煬帝舡中。帝奉表讀之。弩發中帝胸。帝將旋師。謂左右曰。朕爲天下之主。親征小國而不利。萬代之所嗤。時右相羊皿奏曰。臣死爲高麗大臣。必滅國。報帝王之讎。帝崩後生於高麗。十五聰明神武。時武陽王聞其賢。國史榮留王名建武。或云建成。而此云武陽。未詳。徵入爲臣自稱姓蓋名金。位至蘇文。乃侍中職也。唐書云。蓋蘇文自謂莫離支。猶中書令。又按神誌秘詞序云。蘇文大英弘序幷注。則蘇文乃職名。有文證而傳云。文人蘇英弘序。未詳孰是。金奏曰。鼎有三足。國有三敎。臣見國中。唯有儒釋無道敎。故國危矣。王然之。奏唐請之。太宗遣叙達等道士八人。國史云。武德八年乙酉。遣使入唐求佛老。唐帝許之。據此。則羊皿自甲戌年死而託生于此。則才年十餘歲矣。而云寵宰。說王遣請。其年月必有一誤。今兩存。王喜以佛寺爲道館。尊道士坐儒士之上。道士等行鎭國內。有名山川。古平壤城勢新月城也道士等呪勑南河龍。加築爲滿月城。因名龍堰城。作讖曰。龍堰堵。且云千年寶藏堵。或鑿破靈石。俗云都帝嵓。亦云朝天石。蓋昔聖帝騎此石朝上帝故也。蓋金又奏築長城東北西南。時男役女耕。役至十六年乃畢。及寶藏王之世。唐太宗親統以六軍來征。又不利而還。高宗總章元年戊辰。右相劉仁軌●大將軍李勣。新羅金仁問等攻破國滅。擒王歸唐。寶藏王庶子率四千餘家投于新羅。與國史少殊。故幷錄。大安八年辛未。祐世僧統到孤大山景福寺飛來方丈。禮普聖師之眞。有詩云。涅槃方等敎傳受自吾師云云。至可惜飛房後。東明古國危。跋云。高麗藏王感於道敎。不信佛法。師乃飛房。南至此山。後有神人。現於高麗馬嶺。告人云。汝國敗亡無日矣。具如國史。餘具載本傳與僧傳師有高弟十一人。無上和尙與弟子金趣等創金洞寺。寂滅義融二師創珍丘寺。智藪創大乘寺一乘與心正大原等創大原寺。水淨創維摩寺。四大與契育等創中臺寺。開原和尙創開原寺。明德創燕口寺。開心與普明亦有傳。皆如本傳。讃曰。釋氏汪洋海不窮。百川儒老盡朝宗。麗王可笑封沮洳。不省滄溟徙臥龍。

東京興輪寺金堂十聖

東壁坐庚向泥塑　我道　厭髑　惠宿　安含　義湘

西壁坐甲向泥塑　表訓　虵巴　元曉　惠空　慈藏　塔像

迦葉佛宴坐石

玉龍集及慈藏傳與諸家傳紀皆云。新羅月城東龍宮南有迦葉佛宴坐石。其地卽前佛時伽藍之墟也。今皇龍寺之地。卽七伽藍之一也。按國史。眞興王卽位十四開國三年癸酉二月。築新宮於月城東。有皇龍現其地。王疑之。改爲皇龍寺。宴坐石在佛殿後面。嘗一謁焉。石之高可五六尺。來圍僅三肘。幢立而平頂。眞興創寺已來。再經災火。石有折裂處。寺僧貼鐵爲讃。乃有讃曰。惠日沈輝不記年。唯餘宴坐石依然。桑田幾度成滄海。可惜巍然尙未遷。旣而西山大兵已後。殿堂煨燼。而此石亦夷沒。而僅與地平矣。按阿含經迦葉佛。是賢劫第三尊也。人壽二萬歲。時出現於世。據此以增減法計之。每成劫初。皆壽無量。歲漸減至壽八萬歲時。爲住劫之初。自此又百年減一歲。至壽十歲時爲一減。又增至人壽八萬歲時爲一增。如是二十減二十增爲一住劫。此一住劫中有千佛出世。今本師釋迦是第四尊也。四尊皆現於第九減中。自釋尊百歲壽時。至迦葉佛二萬歲時。已得二百萬餘歲。若至賢劫初第一尊拘留孫佛時。又幾萬歲也。自拘留孫佛時。上至劫初無量歲壽時。又幾何也。自釋尊下至于今至元十八年辛巳歲。已得二千二百三十矣。自拘留孫佛歷迦葉佛時至于今。則直幾萬歲也有本朝名士吳世文。作歷代歌。從大金貞祐七年己卯。逆數至四萬九千六百餘歲。爲盤古開闢戊寅。又延禧宮祿事金希寧所撰大一歷法。自開闢上元甲子至元豐甲子。一百九十三萬七千六百四十一歲。又纂古圖云。開闢至獲麟。二百七十六萬歲。按諸經。且以迦葉佛時至于今。爲此石之壽。尙距於劫初開闢時爲兒子矣。三家之說尙不及玆兒石之年。其於開闢之說疎之遠矣。

遼東城育王塔

三寶感通錄載。高麗遼東城傍塔者。古老傳云。昔高麗聖王按行國界次。至此城見五色雲覆地。往尋雲中。有僧執錫而立。旣至便滅。遠看還現。傍有土塔三重。上如覆釜。不知是何

本疑木訛

原本貝作具今改

更往覓僧。唯有荒草。掘尋一丈。得杖幷履。又掘得銘。上有梵書。侍臣識之云是佛塔。王委曲問詰。答曰。漢國有之。彼名蒲圖王。（本作休屠王祭天金人）因生信。起木塔七重。後佛法始至。具知始末。今更損高。本塔朽壞。育王所統一閻浮提洲。處處立塔。不足可恠。又唐龍朔中有事遼左。行軍薛仁貴行至隋主討遼古地。乃見山像。空曠蕭條。絕於行往。問古老。云是先代所現。便圖寫來京師。（具在若函）按西漢與三國地理志。遼東城在鴨綠之外。屬漢幽州高麗聖王未知何君。或云東明聖帝。疑非也。東明以前漢元帝建昭二年卽位。成帝鴻嘉壬寅升遐。于時漢亦未見貝葉。何得海外陪臣已能識梵書乎。然稱佛爲蒲圖王。似在西漢之時。西域文字或有識之者。故云梵書爾。按古傳育王命鬼徒。每於九億人居地立一塔。如是起八萬四千於閻浮界。內藏於巨石中。今處處有現瑞非一。蓋眞身舍利。感應難思矣。讚曰。

育王寶塔遍塵寰。雨濕雲埋蘚纈班。想像當年行路眼。幾人指点祭神墦。

金官城婆娑石塔

金官虎溪寺婆娑石塔者。昔此邑爲金官國時。世祖首露王之妃許皇后名黃玉。以東漢建武二十四年甲申。自西域阿踰陁國所載來。初公主承二親之命。泛海將指東。阻波神之怒。不克而還。白父王。父王命載玆塔。乃獲利涉。來泊南涯。有緋帆茜旗珠玉之美。今云主浦。初解綾袴於岡上處曰綾峴。茜旗初入海涯曰旗出邊。首露王聘迎之。同御國一百五十餘年。然于時海東未有創寺奉法之事。蓋像敎未至。而土人不信伏。故本記無創寺之文。逮第八代銍知

兌疑免訛

王二年壬辰。置寺於其地。又創王后寺。在阿道訥祗王之世。法興王之前。至今奉福焉。兼以鎮南倭。具見本國本記。塔方四面五層。其彫鏤甚奇。石微赤班色。其質良脆。非此方類也。本草所云點鷄冠血爲驗者是也。金官國亦名駕洛國。具載本記。讃曰。載厭緋帆茜旆輕。乞靈遮莫海濤驚。豈徒到岸扶黃玉。千古南倭遏怒鯨。

高麗靈塔寺

僧傳云。釋普德字智法。前高麗龍岡縣人也。詳見下本傳。常居平壤城有山方。老僧來請講經。師固辭。不兌。赴講涅槃經四十餘卷。罷席至城西大寶山嵒穴下禪觀。有神人來請。宜住此地。乃置錫杖於前。指其地曰。此下有八面七級石塔。掘之果然。因立精舍。曰靈塔寺以居之。

皇龍寺丈六

新羅第二十四眞興王卽位十四年癸酉二月。將築紫宮於龍宮南。有黃龍現其地。乃改置爲佛寺。號黃龍寺。至己丑年周圍墻宇。至十七年方畢。未幾海南有一巨舫。來泊於河曲縣之絲浦。今蔚州谷浦也撿看有牒文云。西竺阿育王。聚黃鐵五萬七千斤。黃金三萬分。別傳云。鐵四十萬七千斤。金一千兩。恐誤。或云三萬七千斤將鑄釋迦三尊像。未就。載舡泛海而祝曰。願到有緣國土。成丈六尊容。幷載模樣一佛二菩薩像。縣吏具狀上聞。勅使卜其縣之城東爽塏之地。創東竺寺。邀安其三尊。輸其金鐵於京師。以大建六年甲午三月寺中記云。癸巳十月十七日。鑄成丈六尊像。一皷而就。重三萬五千七斤。入黃金一

平下疑脫王

萬一百九十八分。二菩薩入鐵一萬二千斤。黃金一萬一百三十六分。安於皇龍寺。明年像淚流至踵。沃地一尺。大王升遐之兆。或云。像成在眞平之世者謬也。別本云。阿育王在西竺大香華國。生佛後一百年間恨不得供養眞身。歛化金鐵若干斤。三度鑄成無功。時王之太子獨不預斯事。王使詰之。太子奏云。獨力非功。曾知不就。王然之。乃載舡泛海。南閻浮提十六大國。五百中國。十千小國。八萬聚落。靡不周旋。皆鑄不成。最後到新羅國。眞興王鑄之於文仍林。像成。相好畢備。阿育此翻無憂。後大德慈藏西學到五臺山。感文殊現身授訣。仍囑云。汝國皇龍寺。乃釋迦與迦葉佛講演之地。宴坐石猶在。故天竺無憂王聚黃鐵若干斤泛海。歷一千三百餘年。然後乃到。而國成安其寺。蓋威緣使然也。(與別記所載符同)像成後。東竺寺三尊亦移安寺中。寺記云。眞平六年甲辰。金堂造成。善德王代。寺幼主眞骨歡喜師。第二主慈藏國統。次國統惠訓。次廂律師云。今兵火已來。大像與二菩薩皆融沒。而小釋迦猶存焉。讃曰。塵方何處匪眞鄕。香火因緣最我邦。不是育王難下手。月城來訪舊行藏

皇龍寺九層塔

新羅第二十七善德王卽位五年。貞觀十年丙申。慈藏法師西學。乃於五臺感文殊授法。(詳見本傳)文殊又云。汝國王天竺刹利種王。預受佛記。故別有因緣。不同東夷共工之族。然以山川崎嶮故。人性麤悖。多信邪見。而時或天神降禍。然有多聞比丘在國中。是以君臣安泰。萬庶和平矣。言已不現。藏知是大聖變化。泣血而退。經由中國大和池邊。忽有神人出問。胡

爲至此。藏答曰。求菩提故。神人禮拜。又問。汝國有何留難。藏曰。我國北連靺鞨。南接倭人。麗濟二國。迭犯封陲。隣寇縱橫。是爲民梗。神人云。今汝國以女爲王。有德而無威故隣國謀之。宜速歸本國。藏問歸鄕將何爲利益乎。神曰。皇龍寺護法龍。是吾長子受梵王之命。來護是寺。歸本國成九層塔於寺中。隣國降伏。九韓來貢。王祚永安矣。建塔之後設八關會。赦罪人。則外賊不能爲害。更爲我於京畿南岸置一精廬。共資予福。予亦報之德矣。言已遂奉玉獻之。忽隱不現。(寺中記云。於終南山圓香禪師處。受建塔因由。)貞觀十七年癸卯十六日。將唐帝所賜經像袈裟幣帛而還國。以建塔之事聞於上。善德王議於群臣。群臣曰。請工匠於百濟。然後方可。乃以寶帛請於百濟。匠名阿非知。受命而來。經營木石。伊干龍春(一名龍樹)幹蠱。率小匠二百人。初立刹柱之日。匠夢本國百濟滅亡之狀。匠乃心疑停手。忽大地震動。晦冥之中有一老僧一壯士。自金殿門出。乃立其柱。僧與壯士皆隱不現。匠於是改悔。畢成。其塔刹柱記云。鐵盤已上高四十二尺。已下一百八十三尺。慈藏以五臺所授舍利百粒分安於柱中。并通度寺戒壇。及大和寺塔。以副池龍之請。(大和寺在河曲縣南。今蔚州。亦藏師所創也。)樹塔之後。天地開泰。三韓爲一。豈非塔之靈蔭乎。後高麗王將謀伐羅。乃曰。新羅有三寶。不可犯也。何謂也。皇龍丈六。并九層塔。與眞平王天賜玉帶。遂寢其謀。周有九鼎。楚人不敢北窺。此之類也。讚曰。

鬼拱神扶壓帝京。輝煌金碧動飛甍。登臨何啻九韓伏。始覺乾坤特地平。

又海東名賢安弘撰東都成立記云。新羅第二十七代。女王爲主。雖有道無威。九韓侵勞。龍宮南皇龍寺

甲上恐脫載

大曆庚戌海東金石苑所載鐘銘作大曆六年歲次辛酉十二月十四日

注典疑興訛前太子司議郎鐘銘作翰太子朝議郎鐘銘粵作奚

建九層塔。則隣國之災可鎭。第一層日本。第二層中華。第三層吳越。第四層托羅。第五層鷹遊。第六層靺鞨。第七層丹國。第八層女狄。第九層獩貊。又按國史及寺中古記。眞興王癸酉創寺後。善德王代。貞觀十九年乙巳。塔初成。三十二孝昭王卽位七年。聖曆元年戊戌六月。霹靂。（寺中古記云聖德王代。誤也。聖德代無戊戌。）第三十三聖德王代庚申歲。重成。四十八景文王代戊子六月。第二霹靂。同代第三。重修。至本朝光宗卽位五年癸丑十月。第三霹靂。現宗十三年辛酉。第四重成。又靖宗二年乙亥。第四霹靂。又文宗甲辰年。第五重成。又憲宗末年乙亥。第五霹靂。肅宗丙子。第六重成。又高宗十六年戊戌冬月。西山兵火。塔寺丈六殿宇皆災。

皇龍寺鐘　芬皇寺藥師　奉德寺鐘

新羅第三十五景德大王。以天寶十三甲午鑄皇龍寺鐘。長一丈三寸。厚九寸。入重四十九萬七千五百八十一斤。施主孝貞伊王三毛夫人。匠人里上宅一典。肅宗朝。重成新鐘。長六尺八寸。又明年乙未。鑄芬皇藥師銅像。重三十萬六千七百斤。匠人本彼部强古乃末。又捨黃銅一十二萬斤。爲先考聖德王欲鑄巨鐘一口。未就而崩。其子惠恭大王乾運。以大曆庚戌十二月。命有司鳩工徒。乃克成之。安於奉德寺。寺乃孝成王。開元二十六年戊寅。爲先考聖德大王奉福所創也。故鐘銘曰聖德大王神鐘之銘。（聖德乃景德之考典光大王也。鐘本景德爲先考所施之金。故稱云聖德鐘爾。）朝散大夫前太子司議郎翰林郎金弼粵奉敎撰。鐘銘文煩不錄。

靈妙寺丈六

眞平王甲申歲卽爲卽位四十六年原本作九年誤矣

善德王創寺。塑像因緣。具載良志法師傳。景德王卽位二十三年。丈六改金。租二萬三千七百碩。良志傳作像之初成之費。今兩存之。

四佛山 掘佛山 萬佛山

竹嶺東百許里。有山屹然高峙。眞平王九年甲申。忽有一大石。四面方丈。彫四方如來。皆以紅紗護之。自天墜其山頂。王聞之命駕膽敬。遂創寺嵓側。額曰大乘寺。請比丘亡名誦蓮經者主寺。洒掃供石。香火不廢。號曰亦德山。或曰四佛山。比丘卒旣葬。塚上生蓮。又景德王遊幸柏栗寺。至山下聞地中有唱佛聲。令掘之。得大石。四面刻四方佛。因創寺。以掘佛爲號。今訛云掘石。王又聞唐代宗皇帝優崇釋氏。命工作五色氍毹。又彫沈檀木與明珠美玉爲假山。高丈餘。置氍毹之上。山有巉嵓怪石澗穴。區隔每一區內。有歌舞伎樂列國山川之狀。微風入戶。蜂蝶翺翔。鷰雀飛舞。隱約視之。莫辨眞假。中安萬佛。大者逾方寸。小者八九分。其頭或巨黍者。或半菽者。螺髻白毛。眉目的皪。相好悉備。只可髣髴。莫得而詳。因號萬佛山。更鏤金玉爲流蘇幡蓋菴羅薝蔔花果莊嚴。百步樓閣。臺殿堂榭。都大雖微。勢皆活動。前有旋遶比丘像千餘軀。下列紫金鍾三簴。皆有閣有蒲牢。鯨魚爲撞。有風而鍾鳴。則旋遶僧皆仆。拜頭至地。隱隱有梵音。蓋關捩在乎鍾也。雖號萬佛。其實不可勝記。旣成。遣使獻之。代宗見之。嘆曰。新羅之巧。天造非巧也。乃以九光扇加置嵓岫間。因謂之佛光。四月八日。詔兩街僧徒。於內道場禮萬佛山。命三藏不空念讚密部眞詮千遍以慶之。觀者皆嘆伏其巧。讚曰。 天粧滿月四方裁。地湧明毫一夜開。妙手更煩彫萬佛。眞風要使遍三才。

生義寺石彌勒

善德王時。釋生義常住道中寺。夢有僧引上南山而行。令結草爲標。至山之南洞。謂曰。我埋此處。請師出安嶺上。旣覺。與友人尋所標。至其洞堀地。有石彌勒出。置於三花嶺上。善德王十三年甲辰歲。創寺而居。後名生義寺。（今訛言性義寺。忠談師每歲重三重九。烹茶獻供者。是此尊也。）

興輪寺壁畵普賢

第五十四景明王時。興輪寺南門•及左右廊廡災焚。未修。靖和弘繼二僧募緣將修。貞明七年辛巳五月十五日。帝釋降于寺之左經樓。留旬日。殿塔及草樹土石皆發異香。五雲覆寺。南池魚龍喜躍跳擲。國人聚觀。嘆未曾有。玉帛粱稻施積丘山。工匠自來。不日成之。工旣畢。天帝將還。二僧白曰。天若欲還宮。請圖寫聖容。至誠供養。以報天恩。亦乃因茲留影。永鎭下方焉。帝曰。我之願力不如彼普賢菩薩遍垂玄化。畫此菩薩像。虔設供養而不廢宜矣。二僧奉敎。敬畫普賢菩薩於壁間。至今猶存其像。

三所觀音 衆生寺

新羅古傳云。中華天子有寵姬。美艶無雙。謂古今圖畫鮮有如此者。乃命善畫者寫眞。（畫工傳失其名。或云張僧繇。則是吳人也。梁天監中爲武陵王國侍郎直秘閣知畫事。歷右將軍吳興大守。則乃中國梁陳間之天子也。而傳云唐帝者。海東人凡諸中國爲唐爾。其實未詳何代帝王。兩存之。）其人奉勅圖成。

惠慧音通
丞魯承老音通

誤落筆汚赤毀於臍下。欲改之而不能。心疑赤誌必自天生。功畢献之。帝目之曰。形則逼眞矣。其臍之下誌乃所內秘。何得知之幷寫。帝乃震怒。下圓扉將加刑。丞相奏云。所謂伊人其心且直。願赦宥之。帝曰。彼旣賢直。朕昨夢之。像畫進不差則宥之。其人乃畫十一面觀音像呈之。協於所夢。帝於是意解赦之。其人旣免。乃與博士芬節約曰。吾聞新羅國敬信佛法。與子乘桴于海。適彼同修佛事。廣益仁邦。不亦益乎。遂相與到新羅國。因成此寺大悲像。國人瞻仰。禳禱獲福。不可勝記。羅季天成中。正甫崔殷諴久無胤息。詣玆寺大玆前祈禱。有娠而生男。未盈三朔。百濟甄萱襲犯京師。城中大潰。殷諴抱兒來告曰。鄰兵奄至事急矣。赤子累重不能俱免。若誠大聖之所賜。願借大慈之力覆養之。令我父子再得相見。涕泣悲惋。三泣而三告之。裹以襁褓。藏諸猊座下。眷眷而去。經半月寇退。來尋之。肌膚如新浴。貌體嬛好。乳香尙痕於口。抱持歸養。及壯聰惠過人。是爲丞魯。位至正匡。丞魯生郎中崔肅。肅生郎中齊顏焉。自此繼嗣不絶。殷諴隨敬順王入本朝爲大姓。又統和十年三月。主寺釋姓泰跪於菩薩前。自言弟子久住玆寺。精勤香火。晝夜匪懈。然以寺無田出香祀無繼。將移他所。故來辭爾。是日。假寐夢大聖。謂曰。師且住無遠離。我以緣化充齋費。僧忻然感悟。遂留不行。後十三日。忽有二人●馬載牛馱到於門前。寺僧出問何所而來曰。我等是金州界人。向有一比丘到我云。我住東京衆生寺久矣。欲以四事之難緣化到此。是以歛施隣閭。得米六碩鹽四碩。負載而來。僧曰。此寺無人緣化者。爾輩恐聞之誤。其人

喰當作飡
注長上疑即

曰。向之比丘攣我輩而來。到此神貝井邊曰。距寺不遠我先往待之。我輩隨逐而來。寺僧引入法堂前。其人瞻禮大聖。相謂曰。此緣化比丘之像也。驚嘆不已。故所納米鹽追年不廢。又一夕寺門有火災。閭里奔救。升堂見像。不知所在。視之已立在庭中矣。問其出者誰。皆曰不知。乃知大聖靈威也。又大定十三年癸巳間。有僧占崇。得住玆寺。不解文字。性本純粹。精勤火香。有一僧欲奪其居。訴於襯衣天使曰。玆寺所以國家祈恩奉福之所。宜選會讀文疏者主之。天使然之。欲試其人。乃倒授疏文。占崇應手披讀如流。天使服膺。退坐房中。俾之再讀。崇鉗口無言。天使曰。上人良由大聖之所護也。終不奪之。當時與崇同住者。處士金仁夫傳諸鄕老。筆之于傳。

栢栗寺

雞林之北岳曰金剛嶺。山之陽有栢栗寺。寺有大悲之像一軀。不知作始。而靈異頗著。或云。是中國之神匠塑衆生寺像時幷造也。諺云。此大聖曾上忉利天。還來入法堂時。所履石上脚迹至今不刓。或云。救夫禮郎還來時之所視迹也。天授三年壬辰九月七日。孝昭王奉大玄薩喰之子夫禮郎爲國仙。珠履千徒。親安常尤甚。天授四年(□長壽二年)癸巳暮春之月。領徒遊金蘭到北溟之境。被狄賊所掠而去。門客皆失措而還。獨安常追迹之。是三月十一日也。大王聞之。驚駭不勝曰。先君得神笛傳于朕躬。今與玄琴藏在內庫。因何國仙忽爲賊俘。爲之奈何(琴笛事具載別傳)時有瑞雲覆天尊庫。王又震懼使檢之。庫內失琴笛二寶。乃曰。朕何不予。昨失國

喰當作飡

仙。又亡琴笛。乃囚司庫吏金貞高等五人。四月。募於國曰。得琴笛者賞之一歲租。五月十五日。郞二親就栢栗寺大悲像前禋祈。累夕忽香。卓上得琴笛二寶。而郞常二人來到於像後。二親顚喜。問其所由來。郞曰。予自被掠爲彼國大都仇羅家之牧子。放牧於大烏羅尼野。(一本作都仇家奴。牧於大磨之野。)忽有一僧容儀端正。手携琴笛來慰曰。憶桑梓乎。予不覺跪于前曰。眷戀君親。何論其極。僧曰。然則宜從我來。遂率至海壖。又與安常會。乃批笛爲兩分。與二人各乘一隻。自乘其琴。泛泛歸來。俄然至此矣。於是具事馳聞。王大驚使迎。郞隨琴笛入內。施鑄金銀五器二副各重五十兩・摩衲袈裟五領・大綃三千疋・田一萬頃納於寺。用答慈庥焉。大赦國內。賜人爵三級。復民租三年。主寺僧移住奉聖。封郞爲大角干。(羅之冢宰爵名)父大玄阿飡爲大大角干。母龍寶夫人爲沙梁部鏡井宮主。安常師爲大統。司庫五人皆免。賜爵各五級。六月十二日。有彗星孛于東方。十七日。又孛于西方。日官奏曰。不封爵於琴笛之瑞。於是冊號神笛爲萬萬波波息。彗乃滅。後多靈異。文煩不載。世謂安常爲俊永郞徒。不之審也。永郞之徒。唯眞才繁完等知名。皆亦不測人也。(詳見別傳)

敏藏寺

禺金里貧女寶開有子名長春。從海賈而征。久無音耗。其母就敏藏寺(寺乃敏藏角干捨家爲寺)觀音前克祈七日。而長春忽至。問其由緒。曰。海中風飄舶壞。同侶皆不免。予乘隻板歸泊吳涯。吳人收之俾耕于野。有畀僧如鄕里來。吊慰勤勤。繂我同行。前有深渠。僧掖我跳之。昬昬間如聞鄕音與哭泣之聲。見之乃已屆此矣。日晡時離吳至此纔戌初。卽天寶四年乙酉四月八日也。

景德王聞之。施田於寺。又納財幣焉。

前後所將舍利

國史云。眞興王大淸三年己巳。梁使沈湖送舍利若干粒。善德王代貞觀十七年癸卯。慈藏法師所將佛頭骨佛牙佛舍利百粒。佛所著緋羅金點袈裟一領。其舍利分爲三。一分在皇龍塔。一分在大和塔。一分幷袈裟在通度寺戒壇。其餘未詳所在。壇有二級。上級之中安石蓋如覆鑊。諺云。昔在本朝相次有二廉使。禮壇擧石鑊而敬之。前見脩蟒在函中。後見巨蟾蹲石腹。自此不敢擧之。近有上將軍金公利生庾侍郞碩。以高廟朝受旨指揮江東。仗節到寺。擬欲擧石瞻禮。寺僧以往事難之。二公令軍士固擧之。內有小石函。函襲之中貯以瑠璃筒。筒中舍利只四粒。傳示瞻敬。筒有小傷裂處。於是庾公適蓄一水精函子。遂奉施兼藏焉。識之以記移御江都。四年乙未歲也。古記稱百枚分藏三處。今唯四爾。旣隱現隨人。多小不足怪也。又諺云。其皇龍寺塔災之日。石鑊之東面始有大斑。至今猶然。卽大遼應曆三年癸丑歲也。本朝光廟五載也。塔之第三災也。曹溪無衣子留詩云。聞道皇龍災塔日。連燒一面示無間。是也。自至元甲子已來。大朝使佐本國。皇華爭來瞻禮。四方雲水。輻湊來參。或擧不擧。眞身四枚外。變身舍利。碎如砂礫。現於鑊外。而異香郁烈。彌日不歇者比比有之。此末季一方奇事也。唐大中五年辛未。入朝使元弘所將佛牙。今未詳所在。新羅文聖王代。後唐同光元年癸

大凝天訛佐笄音通

未。本朝太祖卽位六年。入朝使尹質所將五百羅漢像。今在北崇山神光寺。大宋宣和元年己亥。(睿廟十五年)入貢使鄭克永李之美等所將佛牙。今內殿置奉者是也。相傳云。昔義湘法師入唐。到終南山至相寺智儼尊者處。隣有宣律師。常受天供。每齋時天厨送食。一日律師請湘公齋。湘至坐定旣久。天供過時不至。湘乃空鉢而歸。天使乃至。律師問今日何故遲。天使曰。滿洞有神兵遮擁。不能得入。於是律師知湘公有神衛。乃服其道勝。仍留其供具。翌日又邀儼湘二師齋。具陳其由。湘公從容謂宣曰。師旣被天帝所敬。嘗聞帝釋宮有佛四十齒之一牙。爲我等輩請下人間。爲福如何。律師後與天使傳其意於上帝。帝限七日送與。湘公致敬訖。邀安大內。後至大宋徽宗朝。崇奉左道。時國人傳圖讖曰。金人敗國。黃巾之徒諷日官奏曰。金人者佛教之謂也。將不利於國家。議將破滅釋氏●坑諸沙門●焚燒經典。而別造小舡●載佛牙泛於大海。任隨緣流泊。于時適有本朝使者至宋。聞其事。以天花茸五十領●紵布三百疋●行賂於押舡內史。密授佛牙。但流空舡。使臣等旣得佛牙來奏。於是睿宗大喜。奉安于十員殿左掖小殿。常鑰匙殿門。施香燈于外。每親幸日開殿瞻敬。至壬辰歲移御次。內官忩遽中忘不收撿。至丙申四月。御願堂神孝寺釋藴光請致敬佛牙。聞于上。勑令內臣遍撿宮中。無得也。時栢臺御史崔冲命薛伸急徵于諸謁者房。皆未知所措。內臣金承老奏曰。壬辰年移御時。紫門日記推看從之。記云。入內侍大府卿李白全受佛牙函云。召李詰之。對曰。請歸家更尋私記。到家撿看。得左番謁者金瑞龍佛牙函准受記來呈。召問瑞龍。無辭以

當答晋通
大疑火誤
霄疑再

對。又以金承老所奏云壬辰。至今丙申五年間。御佛堂及景靈殿上守等四禁問當。依違未
決。隔三日。夜中瑞龍家園墻裏有投擲物聲。以大撿看。乃佛牙函也。函本內一重沈香合。
次重純金合。次外重白銀函。次外重瑠璃函。次外重螺鈿函。各幅子如之。今但瑠璃函爾。喜得
之入達于內。有司議。金瑞龍及兩殿上守皆誅。晋陽府奏云。因佛事不合多傷人。皆免之。
更勅十員殿中庭特造佛牙殿安之。令將士守之。擇吉日。請神孝寺上房蘊光。領徒三十人。
入內設齋敬之。其日入直承宣崔弘上將軍崔公衍李令長內侍茶房等侍立于殿庭。依次頂戴敬
之。佛牙區穴間。舍利不知數。晋陽府以白銀合貯而安之。時主上謂臣下曰。朕自亡佛牙已
來。自生四疑。一疑天宮七日限滿而上天矣。二疑國亂如此。牙旣神物。且移有緣無事之邦
矣。三疑貪財小人。盜取函幅。弃之溝壑矣。四疑盜取珍利。而無計自露。匿藏家中矣。今
第四疑當之矣。乃放聲大哭。滿庭皆洒涕。獻壽至有煉頂燒臂者不可勝計。得此實錄於當時
內殿焚修前。祇林寺大禪師覺猷言親所眼見。使予錄之。又至庚午出都之亂。顚沛之甚過於壬
辰。十員殿監主禪師心鑑亡身佩持。獲免於賊難。達於大內。大賞其功。移授名刹。今住氷
山寺。是亦親聞於彼。眞興王代天嘉六年乙酉。陳使與劉思釋明觀。載送佛經論一千七百餘
卷。貞觀十七年。慈藏法師載三藏四百餘函來。安于通度寺。興德王代大和元年丁未。入學僧
高麗釋丘德賚佛經若干函來。王與諸寺僧徒出迎于興輪寺前路。大中五年。入朝使元弘賚佛經
若干軸來。羅末普耀禪師再至吳越。載大藏經來。卽海龍王寺開山祖也。大宋元祐甲戌。有

原本弟作第今改

艸同廾

總章元年下疑脫戊辰

高宗壬辰歲卽宋紹定五年也距唐

人眞讚云。偉哉初祖。巍乎眞容。再至吳越。大藏成功。賜銜普耀。鳳詔四封。若問其德。白月淸風。又大定中。漢南管記彭祖逖留詩云。水雲蘭若住空王。況是神龍穩一場。畢竟名藍誰得似。初傳像敎自南方。有跋云。昔普耀禪師始求大藏於南越。洎旋返次。海風忽起。扁舟出沒於波間。師卽言曰。意者神龍欲留經耶。遂呪願乃誠兼奉龍歸焉。於是風靜波息。旣得還國。遍賞山川。求可以安邀處。至此山忽見瑞雲起於山上。乃與高弟弘慶經營蓮社。然則像敎之東漸實始乎此。漢南管記彭祖逖題寺。有龍王堂。頗多靈異乃當時隨經而來止者也。至今猶存。又天成三年戊子。默和尙入唐。亦載大藏經來。本朝睿廟時。慧照國師奉詔西學。市遼本大藏三部而來。一本今在定惠寺。海印寺有一本。許參政宅有一本。大安二年。本朝宣宗代。祐世僧統義天入宋。多將天台敎觀而來。此外方冊所不載。高僧信士。往來所賫。不可詳記。大敎東漸。洋洋乎慶哉。讚曰。

華月夷風尙隔烟。鹿園鶴樹二千年。流傳海外眞堪賀。東震西乾共一天。

按此錄義湘傳云。永徽初。入唐謁智儼。然據浮石本碑。湘武德八年生。艸歲出家。永徽元年庚戌。與元曉同伴欲西入。至高麗有難而廻。至龍朔元年辛酉入唐。就學於智儼。總章元年。儼遷化。咸亨二年。湘來還新羅。長安二年壬寅。示滅。年七十八。則疑與儼公齋於宣律師處。請天宮佛牙。在辛酉至戊辰七八年間也。本朝高廟入江都壬辰年。疑天宮七日限滿者誤矣。忉利天一日夜當人間一百歲。且從湘公初入唐辛酉。計至高廟壬辰。六百九十三歲

龍朔辛酉不過五百七十一年原本推算誤矣

誤六百九年爲七百三十年主疑王

無極記疑註

以下諸條皆闕祈願當立爲一篇朝鮮史畧作彡麥宗

娘疑郎訛

也。至庚子年始滿七百年。而七日限已滿矣。至出都至元七年庚午。則七百二十年。若如天言。而七日後還天宮。則禪師心鑑出都時。佩持出獻者。恐非眞佛牙也。於是年春出都前。於大內集諸宗名德。乞佛牙舍利。精勤雖切。而不得一枚。則七日限滿上天者幾矣。二十一年甲申。修補國淸寺金塔。國主與莊穆王后幸妙覺寺。集衆慶讃訖。右佛牙與洛山水精念珠如意珠。君臣與大衆皆瞻奉頂戴。後幷納金塔內。予亦預斯會。而親見所謂佛牙者。長三寸許。而無舍利焉。無極記。

彌勒仙花　未尸郎　眞慈師

第二十四眞興王。姓金氏。名彡麥宗。一作深麥宗。以梁大同六年庚申卽位。慕伯父法興之志。一心奉佛。廣興佛寺。度人爲僧尼。又天性風味多尙神仙。擇人家娘子美艶者●捧爲原花要。聚徒選士●敎之以孝悌忠信。亦理國之大要也。乃取南毛娘峧貞娘兩花。聚徒三四百人。峧貞者嫉妬毛娘。多置酒飮毛娘。至醉潛昇去北川中。石擧埋殺之。其徒罔知去處。悲泣而散。有人知其謀者。作歌誘街巷。小童唱於街。其徒聞之。尋得其尸於北川中。乃殺峧貞娘。於是大王下令。廢原花累年。王又念欲興邦國。須先風月道。更下令選良家男子有德行者。改爲花娘。始奉郞薛原郞爲國仙。此花郞國仙之始。故竪碑於溟州。自此使人悛惡更善。上敬下順。五常六藝。三師六正。廣行於代。國史。眞智王大建八年丙申始奉花郞。恐史傳乃誤。及眞智王代●有興輪寺僧眞慈。一作貞慈也 每就堂主彌勒像前發原誓言。願我大聖化作花郞。出現於世。我常親近睟

欺竊音通

容。奉以周旋。其誠懇至禱之情。日益彌篤。一夕夢有僧。謂曰。汝往熊川(今公州)水源寺。得彌勒仙花也。慈覺而驚喜。尋其寺行十日程。一步一禮。及到其寺。門外有一郎。濃纖不爽。盼倩而迎。引入小門。邀致賓軒。慈且升且揖曰。郎君素昧平昔。何見待殷勤如此。郎曰。我亦京師人也。見師高蹈遠屆。勞來之爾。俄而出門。不知所在。慈謂偶爾。不甚異之。但與寺僧叙曩昔之夢。與來之之意。且曰。暫寓下榻。欲待彌勒仙花何如。寺僧欺其情蕩然。而見其懃恪。乃曰。此去南隣有千山。自古賢哲寓止。多有冥感。盍歸彼居。慈從之至於山下。山靈變老人出迎曰。到此奚爲。答曰。願見彌勒仙花爾。老人曰。向於水源寺之門外。已見彌勒仙花。更來何求。慈聞卽驚汗。驟還本寺。居月餘。眞智王聞之。徵詔問其由。曰郎旣自稱京師人。聖不虛言。盍覓城中乎。慈奉宸旨會徒衆。遍於閭閻間物色求之。有一小郎子。斷紅齊具。眉彩秀麗。靈妙寺之東北路傍樹下婆娑而遊。慈迓之驚曰。此彌勒仙花也。乃就而問曰。郎家何在。願聞芳氏。郎答曰。我名未尸。兒孩時爺孃俱歿。未知何姓。於是肩輿而入見於王。王敬愛之。奉爲國仙。其和睦子弟。禮義風敎。不類於常。風流耀世幾七年。忽亡所在。慈哀懷殆甚。然飮沐慈澤。昵承淸化。能自悔改。精修爲道。晩年亦不知所終。說者曰。未與彌聲相近。尸與力形相類。乃託其近似而相謎也。大聖不獨感慈之誠欵也。抑有緣玆土。故比比示現焉。至今國人稱神仙曰彌勒仙花。凡有媒係於人者曰未尸。皆慈氏之遺風也。路傍樹至今名見郞。又俚言似如樹。(一作予如樹)

讚曰。尋芳一步一瞻風

義安郡當作義昌縣。忠烈王八年改義安爲義昌監務。陞縣令。以寶元世祖東征供億之勞。今慶尙道昌原府是也

到處栽培一樣功。羃地春歸無覓處。誰知頃刻上林紅。

南白月二聖 努肹夫得 怛怛朴朴

白月山兩聖成道記云。白月山在新羅仇夫郡之北。(古之屈自郡。今義安郡。)峰巒奇秀。延袤數百里。眞巨鎭也。古老相傳云。昔唐皇帝嘗鑿一池。每月望前。月色滉朗中有一山嵓石。如師子隱映花間之影●現於池中。上命畵工圖其狀。遣使搜訪天下。至海東見此山有大師子嵓。山之西南二步許有三山。其名花山。(其山一體三首。故云三山。)與圖相近。然未知眞僞。以隻履縣於師子嵓之頂。使還奏聞。履影亦現池。帝乃異之。賜名曰白月山。(望前白月影現。故以名之。)然後池中無影。山之東南三千步許有仙川村。村有二人。其一曰努肹夫得。(一作等)父名月藏。母味勝。其一曰怛怛朴朴。父名修梵。母名梵摩。(鄕傳云雉山村。誤矣。二士之名方言。二家各以二士心行騰騰苦節二義名之爾。)二皆風骨不凡。有域外遐想。而相與友善。年皆弱冠。往依村之東北嶺外法積房。剃髮爲僧。未幾聞西南雉山村法宗谷僧道村有古寺可以栖眞。同往大佛田小佛田二洞各居焉。夫得寓懷眞庵。一云壤寺。(今懷眞洞有古寺基。是也。)朴朴居瑠璃光寺。(今梨山上有寺。基是也。)皆挈妻子而居。經營產業。交相來往。棲神安養。方外之志。未常暫廢。觀身世無常。因相謂曰。腴田美歲良利也。不如衣食之念應而至●自然得飽煖也。婦女屋宅情好也。不如蓮池花藏千聖共遊●鸚鵡孔雀以相娛也。况學佛當成佛。修眞必得眞。今我等旣落彩爲僧。當脫畧纏結●成無上道。豈宜汨沒風塵●與俗輩無異也。遂唾謝人間世。將隱於深谷。夜夢白毫光自西而至。光中垂金色。臂摩二人頂。及覺說夢。與之符同。皆感嘆久

提下疑耳

之。遂入白月山無等谷。(今南藪洞也) 朴朴師占北嶺師子嵓。作板屋八尺房而居。故云板房。夫得師占東嶺磊石下有水處。亦成方丈而居焉。故云磊房。(鄉傳云。夫得處山北瑠璃洞。今復名。朴朴居山南法精洞磊房。與此相反。以今驗之。鄉傳誤矣) 各庵而居。夫得勤求彌勒。朴朴禮念彌陁。未盈三載。景龍三年己酉四月八日。聖德王卽位八年也。日將夕。有一娘子年幾二十。姿儀殊妙。氣襲蘭麝。俄然到北庵(鄉傳云南庵) 請寄宿焉。因投詞曰。行途日落千山暮。路隔城遙絶四隣。今日欲投庵下宿。慈悲和尙莫生嗔。朴朴曰。蘭若護淨爲務。非爾所取近行矣。無滯此處。閉門而入。(記云。我百念灰。今無以血囊見試。) 娘歸南庵(傳曰北庵) 又請前如。夫得曰。汝從何處犯夜而來。娘答曰。湛然與大虛同體。何有往來。但聞賢士志願深重・德行高堅將欲助成菩提口。因投一偈曰。日暮千山路。行行絶四隣。竹松陰轉邃。溪洞響猶新。乞宿非迷路。尊師欲指津。願惟從我請。且莫問何人。師聞之驚駭謂曰。此地非婦女相汚。然隨順衆生。亦菩薩行之一也。况窮谷夜暗。其可忽視歟。乃迎揖庵中而置之。至夜淸心礪操。微燈半壁。謂念厭厭。及夜將艾。娘呼曰。予不幸適有產憂。乞和尙排備苫草。夫得悲矜莫逆。燭火般勤。娘旣產。又請浴。弩肹慚懼交心。然哀憫之情有加無已。又備盆槽。坐娘於中。薪湯以浴之。旣而槽中之水香氣郁烈。變成金液。弩肹大駭。娘曰。吾師亦宜浴此。肹勉强從之。忽覺精神爽凉。肌膚金色。視其傍忽生一蓮臺。娘勸之坐。因謂曰。我是觀音菩薩。來助大師。成大菩提矣。言訖不現。朴朴謂肹今夜必染戒。將歸听之。旣至。見肹坐蓮臺・作彌勒尊像放光明・身彩檀金。不覺扣頭而禮曰。何得至於此乎。肹具叙

位下疑脫十四年

其由。朴朴嘆曰。我乃障重。幸逢大聖而反不遇。大德至仁。先吾著鞭。願無忘昔日之契。
事須同攝。肹曰。槽有餘液。但可浴之。朴朴又浴。亦如前成無量壽。二尊相對儼然。山下
村民聞之。競來瞻仰。嘆曰。希有希有。二聖爲說法要。全身躡雲而逝。天寶十四年乙未。
新羅景德王即位。（古記云。天鑑二十四年乙未法興即位。何先後倒錯之甚如此。）聞斯事。以丁酉歲遣使創大伽藍。號白月山南寺。
廣德二年（古記云大曆元年。亦誤。）甲辰七月十五日。寺成。更塑彌勒尊像。安於金堂。額曰。現身成道彌勒
之殿。又塑彌像陁於安講堂。餘液不足。塗浴未周。故彌陁像亦有斑駁之痕。額曰。現身成
道無量壽殿。議曰。娘可謂應以婦女身攝化者也。華嚴經摩耶夫人善知識。寄十一地生佛如
幻解脫門。今娘之椈庣微意在此。觀其投詞。哀婉可愛。宛轉有天仙之趣。嗚呼。使娘婆不
解隨順衆生語言。陁羅尼其能若是乎。其末聯宜云。淸風一榻莫予嗔。然不爾云者。盖不歌
同乎流俗語爾。讃曰。　滴翠嵓前剝啄聲。何人日暮扣雲扃。南庵且近宜尋去。莫踏蒼苔汚
我庭。　右北庵　谷暗何歸已暝煙。南窻有簟且流連。夜闌百八深深轉。只恐成喧惱客眠。
　右南庵　十里松陰一徑迷。訪僧來試夜門提。三槽浴罷天將曉。生下雙兒擲向西。　右
聖娘。

芬皇寺千手大悲　盲兒得眼

景德王代。漢岐里女希明之兒。生五稔忽而盲。一日其母抱兒詣芬皇寺。左殿北壁畫千手大
悲。前令兒作歌禱之。遂得明。　其詞曰　膝肹古召旀　二尸掌音毛乎攴內良　千手觀音叱

貢下疑獻

醍下疑醐

前良中　祈以支白屋尸置內乎多　千隱手　叱千隱目肹　一等下叱放一等肹除惡攴　二千萬隱吾羅　一等沙隱賜以古只內乎叱等邪阿邪也　吾良遺知支賜尸等焉　放冬矣用屋尸慈悲也根古讃曰。竹馬葱笙戲陌塵。一朝雙碧失瞳人。不因大士廻慈眼。虛度楊花幾社春。

洛山二大聖　觀音　正趣　調信

昔義湘法師自始唐來還。聞大悲眞身住此海邊崛內。故因名洛山。盖西域寶陁洛伽山。此云小白華。乃白衣大士眞身住處。故借此名之。齋戒七日。浮座具晨水上。龍天八部侍從引入崛內。參禮空中。出水精念珠一貫口之。湘領受而退。東海龍亦献如意寶珠一顆。師捧出更齋七日。乃見眞容。謂曰。於座上山頂雙竹湧生。當其地作殿宜矣。師聞之出崛。果有竹從地湧出。乃作金堂塑像而安之。圓容麗質。儼若天生。其竹還沒。方知正是眞身住也。因名其寺曰洛山。師以所受二珠鎭安于聖殿而去。後有元曉法師。繼踵而來。欲求瞻禮。初至於南水田郊中。有一白衣女人刈稻。師戲請其禾。女以稻荒戲答之。又行至橋下。一女洗月水帛。師乞水、女酌其穢水獻之。師覆棄之。更酌川水而飮之。時野中松有上一靑鳥。呼曰休醍口和尙。忽隱不現。其松下有一隻脫鞋。師旣到寺。觀音座下又有前所見脫鞋一隻。方知前所遇聖女乃眞身也。故時人謂之觀音松。師欲入聖崛更覩眞容。風浪大作。不得入而去。後有崛山祖師梵日。大和年中入唐。到明州開國寺。有一沙彌截左耳在衆僧之末。與師言曰。吾亦鄕人也。家在溟州界翼嶺縣德耆坊。師他日若還本國。須成吾舍。旣而遍遊叢席。

再下疑在

會下去疑昌訛相下昌疑去誤

高句麗捺巳郡新羅景德王改奈靈郡高麗成宗改剛州顯宗屬吉州仁宗改順安縣高宗爲榮州固非牛首

得法於鹽官。(事具在本傳)以會昌七年丁卯還國。先創崛山寺而傳教。大中十二年戊寅二月十五日。夜夢昔所見沙彌到窻下。曰。昔在明州開國寺。與師有約。既蒙見諾。何其晚也。祖師驚覺。押數十人到翼嶺境、尋訪其居。有一女居洛山下村。問其名。曰德耆。女有一子年才八歲。常出遊於村南石橋邊。告其母曰。吾所與遊者有金色童子。母以告于師。師驚喜。與其子尋所遊橋下。水中有一石佛。舁出之。截左耳類前所見沙彌。卽正趣菩薩之像也。作乃簡子卜其營搆之地。洛山上方吉。乃作殿三間安其像。(古本載梵日事在前。相曉一師在後。然按湘曉二師爾門於高宗之代。梵日在於會去之後。相昌一百七十餘歲。故今前却而編次之。或云。梵日爲相之門人。謬忘也。)後百餘年。野火連延到此山。唯二聖殿獨免其災。餘皆煨燼。及西山大兵已來。癸丑甲寅年間。二聖眞容及二寶珠移入襄州城。大兵來攻甚急。城將陷。時住持禪師阿行(古名希玄)以銀合盛二珠。佩持將逃逸。寺奴名乞升奪取。深埋於地。誓曰。我若不免死於兵。則二寶珠終不現於人間。人無知者。我若不死。當奉二寶獻於邦家矣。甲寅十月二十二日城陷。阿行不免。而乞升獲免。兵退後掘出。納於溟州道監倉使。時郎中李祿綏爲監倉使。受而藏於監倉庫中。每交代傳受。至戊午十一月。本業老宿祇林寺住持大禪師覺猷奏曰。洛山二珠。國家神寶。襄州城陷時。寺奴乞升埋於城中。兵退取納監倉使。藏在溟州營庫中。今溟州城殆不能守矣。宜輸安御府。主上允可。發夜別抄十人率乞升。取於溟州城。入安於內府。時使介十人各賜銀一斤米五石。昔新羅爲京師時。有世逵寺(今興教寺也)之莊舍。在溟州捺李郡。(按地理志。溟州無捺李郡。唯有捺城郡。本捺生郡。今寧越。又牛首州領縣有捺靈郡。本捺巳郡。今剛州。牛首州今春。以今言捺李郡。未知孰是。)本寺遣僧調信爲知莊。信到

州領縣又今剛州
當作今榮州今慶
遺道榮川郡是也
倘疑遺悅下疑州

縣峴音通

莊。上悅口守金昕公之女。惑之深。屢就洛山大悲前。潛祈得幸。方數年間。其女已有配矣。又往堂前怨大悲之不遂已。哀泣至日暮。情思倦憊。俄成假寢。忽夢金氏娘容豫入門。粲然啓齒而謂曰。兒早識上人於半面。心乎愛矣。未嘗暫忘。迫於父母之命强從人矣。今願爲同穴之友故來爾。信乃顚喜。同歸鄕里。計活四十餘霜。有兒息五。家徒四壁。藜藿不給。遂乃落魄扶携。糊其口於四方。如是十年。周流草野。懸鶉百結。亦不掩體。適過溟州蟹縣嶺。大兒十五歲者忽餧死。痛哭收瘞於道。從率餘四口到羽曲縣。今羽縣也結茅於路傍而舍。夫婦老且病。飢不能興。十歲女兒巡乞。乃爲里獒所噬。號痛臥於前。父母爲之歔欷。泣下數行。婦乃口澁拭涕。倉卒而語曰。予之始遇君也。色美年芳。衣袴稠鮮。一味之甘得與子分之。數尺之煖得與子共之。出處五十年。情鍾莫逆。恩愛綢繆。可謂厚緣。自比年來。衰病歲益深。飢寒日益迫。傍舍壺漿人不容乞。千門之耻重似丘山。兒寒兒飢未遑計補。何暇有愛悅夫婦之心哉。紅顏巧笑草上之露。約束芝蘭柳絮飄風。君有我而爲累。我爲君而足憂。細思昔日之歡。適爲憂患所階。君乎予乎奚至此極。與其衆鳥之同餧。焉知隻鸞之有鏡。寒弃炎附。情所不堪。然而行止非人。離合有數。請從此辭。信聞之大喜。各分二兒將行。女曰。我向桑梓。君其南矣。方分手進途而形開。殘燈翳吐。夜色將闌。及旦鬢髮盡白。惘惘然殊無人世意。已厭勞生。如飫百年辛苦。貪染之心洒然氷釋。於是慚對聖容。懺滌無已。歸撥蟹峴所埋兒塚。乃石彌勒也。灌洗奉安于隣寺。還京師免莊任。傾私財創淨土

倉蒼音通

耶那音通 卯疑卯訛

十二二十顚倒

覔疑不見

寺。懃修白業。後莫知所終。議曰。讀此傳。卷掩而追繹之。何必信師之夢爲然。今皆知其人世之爲樂。欣欣然役役然。特未覺爾。乃作詞誡之曰。快適須臾意已閑。暗從愁裏老蒼顏。不須更待黃粱熟。方悟勞生一夢間。治身臧否先誠意。鰥夢蛾眉賊夢藏。何似秋來清夜夢。時時合眼到清涼。

魚山佛影

古記云。萬魚寺者古之慈成山也。又阿耶斯山。(當作摩耶斯。此云魚也。)傍有呵囉國。昔天卯下于海邊。作人御國。卽首露王。當此時。境內有玉池。池有毒龍焉。萬魚山有五羅刹女。往來交通。故時降電雨。歷四年五穀不成。王呪禁不能。稽首請佛說法。然後羅刹女受五戒而無後害。故東海魚龍遂化爲滿洞之石。各有鍾磬之聲。(已上古記)又按。大定十二年庚子。卽明宗十一年也。始創萬魚寺。棟梁寶林狀奏所稱山中奇異之迹。與北天竺訶羅國佛影事符同者有三。一。山之側近地梁州界玉池。亦毒龍所蟄是也。二。有時自江邊雲氣始出來到山頂。雲中有音樂之聲是也。三。影之西北有盤石。常貯水不絕云。是佛浣濯袈裟之地是也。已上皆寶林之說。今親來瞻禮。亦乃彰彰可敬信者有二。洞中之石凡三分之二皆有金玉之聲是一也。遠瞻卽現。近瞻不見。或見覔等是一也。北天之文具錄於後。可函觀。佛三昧經第七卷云。佛到耶乾訶羅國。古仙山薝蔔花林毒龍之側。靑蓮花泉北羅刹穴中阿那斯山南。爾時彼穴有五羅刹。化作女龍。與毒龍通。龍復降雹。羅刹亂行。飢饉疾疫已歷四年。王驚懼。禱祀神

現顯音通

法顯傳遠作近當從

法顯傳髣髴作及

祇。於事無益。時有梵志。聰明多智。白言大王伽毗羅淨飯王子。今者成道號釋迦。文王聞是語。心大歡喜。向佛作禮曰。云何今日佛日已興。不到此國。爾時如來勑諸比丘。得六神通者。隨從佛後。受那乾訶羅王弗婆浮提請。爾時世尊。頂放光明。化作一萬諸大化佛。往至彼國。爾時龍王及羅刹女五體投地求佛受戒。佛卽爲說三歸五戒。龍王聞已長跪合掌。勸請世尊常住此間。佛若不在。我有惡心。無由得成阿耨菩提。時梵天王復來禮佛。請婆伽婆爲未來世諸衆生。故莫獨偏爲此一小龍。百千梵王皆作是請。時龍王出七寶臺。奉上如來佛。告龍王不須此臺。汝今以但羅刹石窟持以施。我龍歡喜。云云 爾時如來安慰龍王。我受汝請。坐汝窟中。經千五百歲。佛湧身入石。猶如明鏡。人見面像。諸龍皆現。佛在石內。映現於外。爾時諸龍合掌歡喜不出其地。常見佛日。爾時世尊結伽趺坐在石壁內。衆生見時。遠望卽現。近則不現。諸天供養佛影。影亦說法。又云。佛蹴嵓石之上。卽便成金玉之聲。高僧傳云。惠遠聞天竺有佛影。昔爲龍所留之影。在北天竺月支國那竭呵城南古仙人石室中。云云 又法現西域傳云。至那竭國界。那竭城南半由旬有石室。博山西南面佛留影。此中去十餘步觀之。如佛眞形。光明炳着。轉遠轉微。諸國王遣工摹寫。莫能髣髴。國人傳云。賢劫千佛皆當於此留影。影之西百步許有佛在時剃髮剪爪之地。云云 星函西域記第二卷云。昔如來在世之時。此龍爲牧牛之士。供王乳酪。進奏失宜。既獲譴嘖。心懷恚恨。以金錢買花供養。授記窣堵婆。願爲惡龍破國害王。特趣石壁身投而死。遂居此窟爲大龍王。適起惡心。

如來鑑此。變神通力而來。至此龍見佛毒心遂止。受不殺戒。因請如來常居此穴。常受我供佛言。吾將寂滅爲汝留影。汝若毒忿。常觀吾影。毒心當止。攝神獨入石室。遠望卽現。近則不現。又令石上蹤爲七寶。云云 己上皆經文大略如此。海東人名此山爲阿那斯。當作摩那斯。此飜爲魚。盖取彼北天事而稱之爾。

臺山五萬眞身

按山中古傳。此山之署名眞聖住處者。始初自慈藏法師。初法師欲見中國五臺山文殊眞身。以善德王代貞觀十年丙申(唐僧傳云十二年。今從三國本史。)入唐。初至中國大和池邊石文殊處。虔祈七日。忽夢大聖授四句偈。覺而記憶。然皆梵語。罔然不解。明旦忽有一僧。將緋羅金點袈裟一領。佛鉢一具。佛頭骨一片到于師邊。問何以無聊。師答以夢所受四句偈。梵音不解爲辭。僧譯之云。呵囉婆佐曩。是曰了知一切法。達㘑哆佉嘢。云自性無所有。曩伽呬伽曩。云如是解法性。達㘑盧舍那。云卽見盧舍那。仍以所將袈裟等付而囑云。此是本師釋迦尊之道具也。汝善護持。又曰。汝本國艮方溟州界有五臺山。一萬文殊常住在彼。汝往見之。言已不現。遍尋靈迹。將欲東還。大和池龍現身請齋供養七日。乃告云。昔之傳偈老僧是眞文殊也。亦有叮囑創寺立塔之事。具載別傳。師以貞觀十七年來到此山。欲覩眞身三日。晦陰不果而還。復住元寧寺。乃見文殊。云葛至蟠處。今淨嵓寺是。(亦載別傳)後有頭陁信義。乃梵日之門人也。來尋藏師憩息之地。創庵而居。信義旣卒。庵亦久廢。有水多寺長老。有緣重創而居。今月精寺

新羅淨神大王云云須參觀六條寶叱徒太子傳記川叱徒音通照當作炤蓋避昭作炤耳炤同照高麗成宗二年改溟州稱河西府五年復舊名註誤矣戊申二字古記無之當削若曰云云考按難解太和唐文宗年號其元年丁未卽爲興德王卽位二年後於孝炤王卽位壬辰實百三十五年也

柝疑杵訛

字來難解

是也。藏師之返新羅。淨神大王太子寶川孝明二昆弟 按國史。新羅無淨神寶川孝明三父子明文。然此記下文云。神龍元年開土立寺。則神龍乃聖德王卽位四年乙巳也。王名興光。本名隆基。神文之第二子也。聖德之兄孝照名理恭。一作洪。亦神文之子。神文政明字日照。則淨神恐政明神文之訛也。孝明乃孝照一作昭之訛也。記云孝明卽位。而神龍年開土立寺云者。亦不細詳言之爾。神龍年立寺者乃聖德王也。到河西府 今溟州亦有河西郡是也。一作河曲縣。今蔚州非是也。一世獻角干之家留一宿。翌日過大嶺。各領千徒到省烏坪。遊覽累日。忽一夕昆弟二人密約方外之志。不令人知。逃隱入五臺山。古記云。太和元年戊申八月初王隱山中。恐此文大誤。按孝照一作昭。以天授三年壬辰卽位。時年十六。長安二年壬寅崩。壽二十六。聖德以是年卽位。年二十二。若曰太和元年戊申。則先於孝照卽位壬辰已過四十五歲。乃太宗文武王之世也。以此知此文爲誤。故不取之。侍衛不知所歸。於是還國。二太子到山中。青蓮忽開地上。兄太子結庵而止住。是日寶川庵向東北行六百餘步。北臺南麓亦青蓮開處。弟太子孝明又結庵而止。各懃修業。一日同上五峯瞻禮。次東臺滿月山。有一萬觀音眞身。現在南臺麒麟山。八大菩薩爲首一萬地藏。西臺長嶺山無量壽如來爲首一萬大勢至。北臺象王山釋迦如來爲首五百大阿羅漢。中臺風廬山亦名地廬山。毗盧遮那爲首一萬文殊。如是五萬眞身一一瞻禮。每日寅朝。文殊大聖到眞如院今上院。變現三十六種形。或時現佛面形。或作寶珠形。或作佛眼形。或作佛手形。或作寶塔形。或萬佛頭形。或作萬燈形。或作金橋形。或作金鼓形。或作金鍾形。或作神通形。或作金樓形。或作金輪形。或作金剛析形。或作金甕形。或作金鈿形。或作五色光明形。或五色圓光形。或吉祥草形。或青蓮花形。或作金田形。或作銀田形。或作佛足形。或作雷電形。或作湧出形。或地神湧出形。或作金鳳形。或作金烏形。或馬產師子形。或雞產鳳形。或作青龍形。或作白象形。或作鵲鳥形。或牛產師子形。或作遊猪形。或作青蛇形。二公每汲洞中水煎茶献供。至夜各庵修道。淨神王之弟與王爭位。國人廢之。遣將軍四人到山迎之。先到孝明庵前呼萬歲。時有五色雲七日垂覆。國人尋雲而畢至。排列鹵薄。將邀兩太子而歸。寶川哭泣以辭。乃奉孝明歸卽位。理國有年。記云。在位二十餘年。蓋崩年壽二十六之訛也。在位但十年爾。又神文之弟爭位事國史無文。未詳。以神龍元年乃唐中宗復位之年。聖德王卽位四年也。乙巳三月初四日始改創眞如院。大王親率百寮到山。營搆殿堂。竝塑泥像文殊大聖安于堂中。以知識靈卞等五員長轉華嚴經。仍結爲華嚴社。長年供費。每歲春秋。各給近山州縣倉租一百石淨油一石。以爲恒規。自院西行六千步至牟尼岾。古伊峴外柴地。十五結栗枝。六結坐位。二結創置莊舍焉。寶川常汲服其靈洞之水。故晩年肉身飛空。到流沙江外蔚珍國掌天窟停止。誦隨求陁羅尼。日夕爲課。窟神現身白云。我爲窟神已二千年。今日始聞隨求眞詮。請受菩薩戒。旣受已。翌日窟亦無形。寶川驚異。留二十日乃還五臺山神聖窟。又修眞五十年。忉利天神三時聽法。淨居天衆烹茶供献。四十聖騰空十尺。常時護衛所持錫杖一日三時作聲。遶房三匝。用此爲鐘磬。隨時修業。文殊或灌水寶川頂。爲授成道記莂。將圓寂之日。留記後來山中所行輔益邦家之事云。此山乃白頭山之大脉。各臺眞身常住之地。靑在東臺。北角下北臺南麓之末。宜置觀音房。安圓像觀音及靑地畫一萬觀音像。福田五員晝讀八卷金經仁王般若千手呪。夜念觀音禮懺。稱名圓通社。赤任南臺。南面置地藏房。安圓像地藏及赤地畫八大菩薩爲首一萬地藏像。福田五員晝讀地藏經金剛般若。夜口察禮懺。稱金剛社。白方西臺。南面置彌陁房。安圓像無量壽及白地畫無量壽如來爲首

寮上疑念古

直訛眞訛院上疑如

岬押音通押古韓語云居峴又嚴以下效此

比疑北訛相象音通

一萬大勢至。福田五員晝讀八卷法華。夜念彌陁禮懺。稱水精社。黑地北臺。南面置羅漢堂。安圓像釋迦及黑地畫釋迦如來爲首五百羅漢。福田五員晝讀佛報恩經涅槃經。夜念涅槃禮懺。稱白蓮社。黃處中臺。直□院中安泥像文殊不動。後壁安黃地畫毗盧遮那爲首三十六化形。福田五員晝讀華嚴經六百般若。夜念文殊禮懺。稱華嚴社。寶川庵改創華藏寺。安圓像毗盧遮那三尊及大藏經。福田五員長門藏經。夜念華嚴神衆。每年設華嚴會一百日。稱名法輪社。以此華藏寺爲五臺社之本寺。堅固護持。命淨行。福田鎭長香火。則國王千秋。人民安泰。文虎和平。百穀豐穰矣。又加排下院文殊岬寺爲社之都會。福田七員晝夜常行華嚴神衆禮懺。上件三十七員齋料衣費。以河西府道內八州之稅充爲四事之資。代々君王不忘遵行幸矣。

溟州古河西府也五臺山寶叱徒太子傳記

新羅淨神太子寶叱徒。弟孝明太子到河西府世獻角干家一宿。翌日踰大嶺。各領一千人到省烏坪。累日遊翫。大和元年八月五日。兄弟同隱入五臺山。徒中侍衛等推覓不得。並皆還國。兄太子見中臺南下眞如院基下山末靑蓮開。其地結草菴而居。弟孝明見北臺南山末靑蓮開。亦結草菴而居。兄弟二人禮念修行。五臺進敬禮拜。靑在東臺。滿月形山觀音眞身一萬常住。南臺麒麟山。八大菩薩爲首一萬地藏菩薩常住。白方西臺長嶺山無量壽如來爲首一萬大勢至菩薩常住。黑掌比北臺。相王山釋迦如來爲首五百大阿羅漢常住。黃處中臺風爐山。

亦名地爐山。毗盧遮那爲首一萬文殊常住。眞如院地。文殊大聖每日寅朝化現三十六形。三十六形見臺山五萬眞身傳兩太子並禮拜。每日早朝汲于洞水。煎茶供養一萬眞身文殊。淨神太子弟副君在新羅。爭位誅滅。國人遣將軍四人到五臺山。孝明太子前呼萬歲。卽是有五色雲。自五臺至新羅。七日七夜浮光。國人尋光到五臺。欲陪兩太子還國。寶叱徒太子涕泣不歸。陪孝明太子歸國卽位。在位二十餘年。神龍元年三月八日。始開眞如院。云云 寶叱徒太子常服于洞靈水。肉身登空。到流沙江。入蔚珍大國掌天窟修道。還至五臺神聖窟。五十年修道。云云 五臺山是白頭山大根脉、各臺眞身常住。云云

臺山月精寺五類聖衆

按寺中所傳古記云。慈藏法師初至五臺。欲覩眞身、於山麓結茅而住。七日不見。而到妙梵山創淨岩寺。後有信孝居士者。或云幼童菩薩化身。家在公州。養母純孝。母非肉不食。士求肉出行山野。路見五鶴射之。有一鶴落一羽而去。士執其羽。遮眼而見。人々皆是畜生。故不得肉。而因割股肉進母。後乃出家。捨其家爲寺。今爲孝家院。士自慶州界至河率。見人多是人形。因有居住之志。【路見老婦。問可住處。婦云。過西嶺有北向洞可居。言訖不現。士知觀音所敎。因過省烏坪入慈藏。初結茅處而住。俄有五比丘到云。汝之持來袈裟一幅今何在。士茫然。比丘云。汝所執見人之羽是也。士乃出呈。比丘乃置羽於袈裟闕幅中相合。而非羽乃布也。士與五比丘別。後方知是五類聖衆化身也。此月精寺慈藏初結茅。次信

本條首闕蓋記慶州天龍寺

遼遞音通

孝居士來住。次梵日門人信義頭陁來。創庵而住。後有水多寺長老有緣來住。而漸成大寺。寺之五類聖衆九層石塔皆聖跡也。相地者云。國內名山。此地最勝。佛法長興之處云々。

南月山 亦名甘山寺

寺在京城東南二十許里。金堂主彌勒尊像火光後記(以下一葉闕佚)

女龍女二親爲二女創寺因名之。境地異常助道之場。羅季殘破久矣。衆生寺大聖所乳崔殷諴之子承魯。魯生肅。肅生侍中齊顏。顏乃重修起廢。仍置釋迦萬日道場受朝旨。兼有信書願文留于寺。既卒。爲護伽藍神。頗著靈異。其信書略曰。檀越內史侍郎同內史門下平章事柱國崔齊顏狀。東京高位山天龍寺殘破有年。弟子特爲聖壽天長民國安泰之願。殿堂廊閣。房舍廚庫。已來興構畢。具石造泥塑佛聖數軀。開置釋迦萬日道場。既爲國修營。官家差定主人亦可。然當遼換交代之時。道場僧衆不得安心。側觀入田稠足寺院如公山地藏寺入田二百結。毗瑟山道仙寺入田二十結。西京之四面山寺各田二十結。例皆勿論有職無職。須擇戒備才高者。社中衆望。連次住持。焚修以爲恒規。弟子聞風而悅。我此天龍寺亦於社衆之中。擇選才德雙高大德。兼爲棟梁。差主人鎭長焚修。具錄文字。付在剛司。自當時主人爲始。受留守官文通。示道場諸衆。各宜知悉。重熙九年六月日。具衘如前署。按重熙乃契丹興宗年號。本朝靖宗七年庚辰歲也。

鍪藏寺彌陁殿

勝覽二十許里作三十

喰當作飡

京城之東北二十許里。暗谷村之北有鍪藏寺。第三十八元聖大王之考大阿干孝讓追封明德大王之爲叔父波珍喰追崇所創也。幽谷逈絶。類似削成。所寄冥奥。自生虛白。乃息心樂道之靈境也。寺之上方有彌陁古殿。乃昭成(一作聖)大王之妃桂花王后爲大王先逝。中宮乃充々焉。皇々焉。哀戚之至。泣血棘心。思所以幽賛明休光啓玄福者。聞西方有大聖曰彌陁。至誠歸仰。則善救來迎。是眞語者豈欺我哉。乃捨六衣盛服。罄九府之貯財。召彼名匠。敎造彌陁像一軀。幷造神衆以安之。先是寺有一老僧。忽夢眞人坐於石塔東南岡上。向西爲大衆說法。意謂此地必佛法所住也。心秘之而不向人說。嵓石巉峥。流澗邀迅。匠者不顧。咸謂不臧。及乎辟地。乃得平坦之地。可容堂宇。宛似神基。見者莫不愕然稱善。近古來殿則壞圮。而寺獨在。諺傳太宗統三已後。藏兵鍪於谷中。因名之。

伯嚴寺石塔舍利

開運三年丙午十月二十九日。康州界任道大監柱貼云。伯嚴禪寺坐草八縣。(今草溪)寺僧偘遊上座年三十九。云寺之經始則不知。但古傳云。前代新羅時。北宅廳基捨置玆寺。中間久廢。去丙寅年中沙木谷陽孚和尙改造住持。丁丑遷化。乙酉年曦陽山競讓和尙來住十年。(以下二葉闕佚)

三國遺事卷第三 終

丘據續高僧傳補
以僧傳無簡疑簡
僧傳迹作蹤

原本俊作伎今據
僧傳改
問聞音通
綵採音通

三國遺事卷第四

義解第五

圓光西學

唐續高僧傳第十三卷載。新羅皇隆寺釋圓光。俗姓朴氏。本住三韓。卞韓辰韓馬韓。光卽辰韓人也。家世海東。祖習綿遠。而神器恢廓。愛染篇章。校獵玄儒。討讎子史。文華騰翥於韓服。博贍猶愧於中原。遂割略親朋。發憤溟渤。年二十五。乘船造于金陵。有陳之世。號稱文國。故得諮考先疑•詢猷了義。初聽莊嚴旻公弟子講素霑世典。謂理窮神。及聞釋宗。反同腐芥。虛尋名敎。實懼生涯。乃上啓陳主。歸請道法。有勅許焉。旣爰初落采。卽稟具戒。遊歷講肆。具盡嘉謀。領牒微言。不謝光景。故得成實涅槃蘊括心府。三藏釋論徧所披尋。未乂投吳之虎(丘)山。念定相沿。無忘覺觀。息心之衆。雲結林泉。並以綜涉四含。功流入定。明善易擬。筒直難虧。深副夙心。遂有終焉之慮。於卽頓絶人事。盤遊聖迹。攝想靑霄。緬謝終古。時有信士宅居山下。請光出講。固辭不許。苦事邀延。遂從其志。創通成論。末講般若。皆思解俊徹。嘉問飛移。兼糅以絢采。織綜詞義。聽者欣々會其心府。從此因循舊章。開化成任。每法輪一動。輒傾注江湖。雖是異域通傳。而沐頤除嫌郄。故名望橫流。播于嶺表。披榛負槖而至者。相接如鱗。會隋后御宇。威加南國。曆窮其數。軍入楊

僧傳績作纘原本徽作徵今據僧傳改

原本情作請今據僧傳改僧傳觀作散原本后作手今據僧傳改

原本壞作懷今據僧傳改原本志作忘今據僧傳改僧傳尋諸作預尋

都。遂被亂兵。將加刑戮。有大主將望見寺火塔燒。走赴救之。了無火狀。但見光在塔前被
縛將殺。既怪其異。卽解而放之。斯臨危達感如此也。光學通吳越。便欲觀化周秦。開皇九
年來遊帝宇。值佛法初會。攝論肇興。奉佩文言。振績徽緒。又馳慧解。宣譽京皐。勣業既
成。道東須繼。本國遠聞。上啓頻請。有勅厚加勞問。放歸桑梓。光往還累紀。老幼相欣。
新羅王金氏面申虔敬。仰若聖人。光性在虛閑。情多汎愛。言常含笑。慍結不形。而牋表啓
書。往還國命。並出自胸襟。一隅傾奉。皆委以治方。詢之道化。事異錦衣。情同觀國。乘
機敷訓。垂範于今。年齡既高。乘輿入內。衣服藥食。並王后自營。不許佐助。用希專福。
其感敬爲此類也。將終之前。王親執慰囑累遺法兼濟民斯爲說。徵祥被于海曲。以彼建福五
十八年少覺不悆。經于七日遺誡清切。端坐終于所住皇隆寺中。春秋九十有九。卽唐貞觀四
年也。(宜云十四年) 當終之時。寺東北虛中音樂滿空。異香充院。道俗悲慶。知其靈感。遂葬于郊
外。國給羽儀。葬具同於王禮。後有俗人兒胎死者。彼土諺云。當於有福人墓埋之。種胤不
絕。乃私瘞於墳側。當日震。此胎屍擲于塋外。由此不壞。敬者率崇仰焉。有弟子圓安。神
志機頴。性希歷覽。慕仰幽求。遂北趣九都。東觀不耐。又西燕魏。後展帝京。備通方俗。
尋諸經論。跨轢大網。洞清纖旨。晚歸心學。高軌光塵。初住京寺。以道素有聞。特進蕭瑀
奏請住於藍田所造津梁寺。四事供給無替六時矣。安嘗敘光云。本國王染患。醫治不損。請
光入宮。別省安置。夜別二時爲說深法。受戒懺悔。王大信奉。一時初夜王見光首。金色晃

僧傳觀作覩
䞋施據僧傳補僧
傳惟作唯盋同鉢

然有象。日輪隨身而至。王后宮女同共觀之。由是重發勝心。克留疾所。不久遂差。光於辰韓馬韓之間。盛通正法。每歲再講。匠成後學。(䞋)(施)之資。並充營寺。餘惟衣盋而已。

載達函

又東京安逸戶長貞孝家在古本殊異傳載。圓光法師傳曰。法師俗姓薛氏。王京人也。初爲僧學佛法。年三十歲思靜居修道。獨居三岐山。後四年有一比丘來。所居不遠。別作蘭若。居二年。爲人强猛。好修咒術。法師夜獨坐誦經。忽有神聲呼其名。善哉善哉汝之修行。凡修者雖衆。如法者稀有。今見隣有比丘。徑修咒術而無所得。喧聲惱他。靜念住處。礙我行路每有去來。幾發惡心。法師爲我語告。而使移遷。若久住者。恐我忽作罪業。明日法師往而告曰。吾於昨夜有聽神言。比丘可移別處。不然應有餘殃。比丘對曰。至行者爲魔所眩。法師何憂狐鬼之言乎。其夜神又來曰。向我告事。比丘有何答乎。法師恐神瞋怒而對曰。終未了說。若强語者。何敢不聽。神曰。吾已具聞。法師何須補說。但可默。然見我所爲。遂辭而去。夜中有聲如雷震。明日視之。山頹塡比丘所在蘭若。神亦來曰。師見如何。法師對曰。見甚驚懼。神曰。我歲幾於三千年。神術最壯。此是小事。何足爲驚。但復將來之事。無所不知。天下之事。無所不達。今思法師唯居此處。雖有自利之行。而無利他之功。現在不揚高名。未來不取勝果。盍採佛法於中國。導群迷於東海。對曰。學道中國。是本所願。海陸迥阻。不能自通而已。神詳誘歸中國所行之計。法師依其言歸中國。留十一年。博通三

三國史本傳古尸寺作加悉寺
原本曰作昌今據本傳改
等據本傳補
原本日作曰今據本傳改

藏。兼學儒術。眞平王二十二年庚申。(三國史云。明年辛酉來。)師將理策東還。乃隨中國朝聘使還國。法師欲謝神。至前住三岐山寺。夜中神亦來呼其名曰。海陸途間。往還如何。對曰。蒙神鴻恩。平安到訖。神曰。吾亦授戒於神。仍結生生相濟之約。又請曰。神之眞容可得見耶。神曰。法師若欲見我形。平旦可望東天之際。法師明日望之。有大臂貫雲接於天際。其夜神亦來曰。法師見我臂耶。對曰。見已甚奇絶異。因此俗號臂長山。神曰。雖有此身。不免無常之害。故吾無月日捨身其嶺。法師來送長逝之魂。待約日往看。有一老狐黑如柒。但吸吸無息。俄然而死。法師始自中國來。本朝君臣敬重爲師。常講大乘經典。此時高麗百濟常侵邊鄙。王甚患之。欲請兵於隋。(宜作唐)請法師作乞兵表。皇帝見以三十萬兵親征高麗。自此知法師旁通儒術也。享年八十四入寂。葬明活城西。又三國史列傳云。賢士貴山者沙梁部人也。與同里箒項爲友。二人相謂曰。我等期與士君子遊。而不先正心持身。則恐不免於招辱。盍問道於賢者之側乎。時聞圓光法師入隋囘。寓止嘉瑟岬。(或作加西。又嘉栖。皆方言也。岬。俗云古尸。故或云。古尸寺。猶言岬寺也。今雲門寺東九千步許有加西峴。或云嘉瑟峴。峴之北洞有寺基是也。)二人詣門進告曰。俗士顓蒙無所知識。願賜一言以爲終身之誡。光曰。佛敎有菩薩戒。其別有十。若等爲人臣子。恐不能堪。今有世俗五戒。一曰。事君以忠。二曰。事親以孝。三曰。交友有信。四曰。臨戰無退。五曰。殺生有擇。若(等)行之無忽。貴山等曰。他則旣受命矣。所謂殺生有擇特未曉也。光曰。六齋日春夏月不殺。是擇時也。不殺使畜。謂馬牛雞犬。不殺細物。謂肉不足一臠。是擇物也。此亦唯其所用。不求多殺。此

此亦本傳作如此宜從

是世俗之善戒也。貴山等曰。自今以後。奉以周旋。不敢失墜。後二人從軍事。皆有奇功於國家。又建福三十年癸酉(卽眞平王卽位三十五年也)秋。隋使王世儀至。於皇龍寺設百座道場。請諸高德說經。光最居上首。議曰。原宗興法已來津梁始置。而未遑堂奧。故宜以歸戒滅懺之法開曉愚迷。故光於所住嘉栖岬。置占察寶以爲恒規。時有檀越尼納田於占察寶。今東平郡之田一百結是也。古籍猶存。光性好虛靜。言常含笑。形無慍色。年臘旣邁。乘輿入內。當時群彥。德義攸屬。無敢出其右者。文藻之贍。一隅所傾。年八十餘卒於貞觀間。浮圖在三岐山金谷寺。(今安康之西南洞也。亦明活之西也。)唐傳云。告寂皇隆寺。未詳其地。疑皇龍之訛也。如芬皇作王芬寺之例也。據如上唐鄕二傳之文。但姓氏之朴薛。出家之東西。如二人焉。不敢詳定。故兩存之。然彼諸傳記。皆無鵲岬璃目與雲門之事。而鄕人金陟明謬以街巷之說潤文作光師傳。濫記雲門開山祖寶壤師之事迹。合爲一傳後撰海東僧傳者。承誤而錄之。故時人多惑之。因辨於此不加減一字。載二傳之文詳矣。陳隋之世。海東人鮮有航海問道者。設有。猶未大振。及光之後。繼踵西學者憧憧焉。光乃啓途矣。讚曰。航海初穿漢地雲。幾人來往挹清芬。昔年縱迹青山在。金谷嘉西事可聞。

寶壤梨木

釋寶壤傳。不載鄕井氏族。謹按清道郡司籍載。天福八年癸卯(大祖卽位第二十六年也)正月日。清道郡界里審使順英大乃末水文等柱貼公文。雲門山禪院長生南阿尼岾。東嘉西峴。(云云)同藪三剛典

主人寶壤和尚。院主玄會長老。貞座玄兩上座。直歲信元禪師。(右公文淸道郡都田帳傳准)又開運三年丙午
雲門山禪院長生標塔公文一道。長生十一阿尼岾。嘉西峴畝峴。西北買峴。(一作面知村)北猪。足
門等。又庚寅年。晉陽府貼五道按察使。各道禪敎寺院始創年月形止。審檢成籍時。差使員
東京掌書記李僐審檢記載。壬豐六年辛巳(大金年號。本朝毅宗即位十六年也。)九月。郡中古藉裨補記准淸道郡前副
戶長御侮副尉李則楨戶在右人消息及諺傳記載。致仕上戶長金亮辛。致仕戶長旻育。戶長同正
尹應前其人珎奇等與時上戶長用成等言語。時太守李思老戶長亮辛年八十九。餘輩皆七十已上
用成年六十已上。(云云次不准)羅代已來。當郡寺院。鵲岬已下中小寺院。三韓亂亡間。大鵲岬●小
鵲岬●所寶岬●天門岬●嘉西岬等五岬皆亡壞。五岬柱合在大鵲岬。祖師智識(上文云寶壤)大國傳法來
還次西海中。龍邀入宮中。念經施全羅袈裟一領。兼施一子璃目。爲侍奉而追之。囑曰。于
時三國擾動。未有歸依佛法之君主。若與吾子歸本國鵲岬。創寺而居。可以避賊。抑亦不數
年內。必有護法賢君。出定三國矣。言訖。相別而來。還及至玆洞。忽有老僧。自稱圓光。
抱弔樻而出。授之而沒。(按圓光以陳末入中國。開皇間東還。住嘉西岬。而沒於皇隆。計至淸泰之初。無慮三百年矣。今悲嘆諸岬皆廢。而喜見壤來而將興。故告之爾。)於是壤師將
興廢寺。而登北嶺望之。庭有五層黃塔。下來尋之則無跡。再陟望之。有群鵲啄地。乃思
海龍鵲岬之言。尋掘之。果有遺塼無數。聚而蘊崇之。塔成而無遺塼。知是前代伽藍墟也。
畢創寺而住焉。因名鵲岬寺。未幾太祖統一三國。聞師至此創院而居。乃合五岬田束五百結
納寺。以淸泰四年丁酉。賜額曰雲門禪寺。以奉袈裟之靈蔭。璃目常在寺側小潭。陰隲法化

元疑亢

述術音通

祖上疑脱太

庙妙音通

忽一年元旱。田疇焦槁。壤勑璃目行雨。一境告足。天帝將誅不識。璃目告急於師。師藏於床下。俄有天使到庭。請出璃目。師指庭前梨木。乃震之而上天。梨木萎摧。龍撫之卽蘇。(一云師咒之而生) 其木近年倒地。有人作揵椎。安甞善法堂及食堂。其椎柄有銘。初師入唐廻。先止于推火之奉聖寺。適太祖東征至淸道境。山賊嘯聚于大城。(有山岑臨水峭立。今俗惡其名。改云犬城。) 驕傲不格。太祖至于山下。問師以易制之述。師答曰。夫犬之爲物。司夜而不司晝。守前忘其後。宜以晝擊其北。祖從之。果敗降。太祖嘉乃神謀。歲給近縣租五十碩。以供香火。是以寺安二聖眞容。因名奉聖寺。後遷至鵲岬。而大創終焉。師之行狀古傳不載。諺云。與石崛備虛師(一作毗虛)爲昆弟。奉聖石崛雲門三寺。連峯櫛比。交相往還。爾後人改作新羅異傳。濫記鵲塔璃目之事于。圓光傳中。系犬城事於毗虛傳。旣謬矣。又作海東僧傳者。從而潤文。使寶壤無傳。而疑誤後人。誣妄幾何。

良志使錫

釋良志。未詳祖考鄕邑。唯現迹於善德王朝。錫杖頭掛一布帒。錫自飛至檀越家。振拂而鳴戶。知之納齋費。帒滿則飛還。故名其所住曰錫杖寺。其神異測莫皆類此。旁通雜譽。神妙絶比。又善筆札。靈庙丈六三尊。天王像。幷殿塔之瓦。天王寺塔下八部神將。法林寺主佛三尊。左右金剛神等皆所塑也。書靈庙法林二寺額。又甞彫磚造一小塔。竝造三千佛。安其塔置於寺中。致敬焉。其塑靈庙之丈六也。自入定以正受所對爲揉式。故傾城士女爭運泥

像下初據靈妙寺丈六條補云改亦然

荚葉音通

土風謠云。來如來如來如。來如哀反多羅。哀反多矣徒良。功德修叱如良來如。至今土人舂相役作皆用之。蓋始于此。像(初)成之費。入穀二萬三千七百碩。或(云)(改)金時租 議曰。師可謂才全德充。而以大方隱於末枝者也。讃曰。齋罷堂前錫杖閑。靜裝爐鴨自焚檀。殘經讀了無餘事。聊塑圓容合掌看。

歸竺諸師

廣函求法高僧傳云。釋阿離那(一作耶)跋摩(一作口)新羅人也。初希正敎。早入中華。思覲聖蹤。勇銳彌增。以貞觀年中離長安。到五天住那蘭陁寺。多閱律論。抄寫貝荚。痛矣歸心。所期不遂。忽於寺中無常。齡七十餘。繼此有惠業 玄泰 求本 玄恪 惠輪 玄遊。復有二亡名法師等。皆忘身順法。觀化中天。而或夭於中途。或生存住彼寺者。竟未有能復雞貴與唐室者。唯玄泰師克返歸唐。亦莫知所終。天竺人呼海東云矩々吒䃜說羅。矩々吒言雞也。䃜說羅言貴也。彼土相傳云。其國敬雞神而取尊。故戴翎羽而表飾也。讃曰。天竺天遙萬疊山。可憐遊士力登攀。幾回月送孤帆去。未見雲隨一杖還。

二惠同塵

釋惠宿。沈光於好世郞徒。郞既讓名黃卷。師亦隱居赤善村(今安康縣有赤谷村)二十餘年。時國仙瞿旵公嘗往其郊。縱獵一日。宿出於道左。攬轡而請曰。庸僧亦願隨從可乎。公許之。於是縱橫馳突。裸袒相先。公既悅。及休勞坐。數炮烹相餉。宿亦與啖嚼。畧無忤色。既而進於前曰。

今有美鮮於此。盍薦之何。公曰善。宿屛人割其股。寘盤以薦。衣血淋漓。公愕然曰。何至耶。宿曰。始吾謂公仁人也。能恕己通物也。故從之爾。今察公所好。唯殺戮之耽。篤害彼自養而已。豈仁人君子之所爲。非吾徒也。遂拂衣而行。公大慚。視其所食。盤中鮮胾不滅。公甚異之。歸奏於朝。眞平王聞之。遣使徵迎。宿示臥婦末而寢。中使陋焉。返行七八里。逢師於途。問其所從來。曰。城中檀越家赴七日齋。席罷而來矣。中使以其語達於上。又遣人檢檀越家。其事亦實。未幾宿忽死。村人轝葬於耳峴(一作硎峴)東。其村人有自峴西來者。逢宿於途中。問其何往。曰。久居此地。欲遊他方爾。相揖而別。行半許里。躡雲而逝。其人至峴東。見葬者未散。具說其由。開冢視之。唯芒鞋一隻而已。今安康縣之北有寺名惠宿乃其所居云。亦有浮圖焉。

釋惠空。天眞公之家傭嫗之子。小名憂助。(蓋方言也)公嘗患瘡濱於死。而候慰塡街。憂助年七歲謂其母曰。家有何事賓客之多也。母曰。家公發惡疾將死矣。爾何不知。助曰。吾能右之。母異其言告於公。公使喚來。至坐床下。無一語。須臾瘡潰。公謂偶爾。不甚異之。旣壯。爲公養鷹。甚愜公意。初公之弟有得官赴外者。請公之選鷹歸治所。一夕公忽憶其鷹。明晨擬遣助取之。助已先知之。俄頃取鷹。昧爽獻之。公大驚悟。方知昔日救瘡之事皆叵測也。謂曰。僕不知至聖之托吾家。狂言非禮汚辱之。厥罪何雪。而後乃今願爲導師導我也。遂下拜。靈異旣著。遂出家爲僧。易名惠空。常住一小寺。每猖狂大醉。負簣歌舞於街巷 號負

小蕩恐少爲音通

簀和尙所居寺因名夫蓋寺。乃簀之鄕言也。每入寺之井中。數月不出。因以師名名其井。每出有碧衣神童先湧。故寺僧以此爲候。旣出。衣裳不濕。晚年移止恒沙寺。今迎日縣吾魚寺諺云。恒沙人出世。故名恒沙洞。時元曉撰諸經疏。每就師質疑。或相調戲。一日二公沿溪掇魚蝦而啖之。放便於石上。公指之戲曰。汝屎吾魚。故因名吾魚寺。或人以此爲曉師之語濫也。鄕俗訛呼其溪曰芼矣川。瞿旵公嘗遊山。見公死僵於山路中。其屍膖脹爛生虫蛆。悲嘆久之。及廻轡入城。見公大醉歌舞於市中。又一日將草索綯入靈廟寺。圍結於金堂與左右經樓及南門廊廡。告剛司。此索須三日後取之。剛司異焉而從之。果三日善德王駕幸入寺。志鬼心火出燒其塔。唯結索處獲免。又神印祖師明朗新創金剛寺。設落成會。龍象畢集。唯師不赴。朗卽焚香虔禱。小蕩公至。時方大雨。衣袴不濕。足不沾泥。謂明朗曰。辱召懃懃。故玆來矣。靈迹頗多。及終。浮空告寂。舍利莫知其數。嘗見肇論。曰。是吾昔所撰也。乃知僧肇之後有也。讚曰

草原縱獵床頭臥。酒肆狂歌井底眠。隻履浮空何處去。一雙珍重火中蓮。

慈藏定律

大德慈藏金氏。本辰韓眞骨蘇判三級爵名茂林之子。其父歷官淸要。絶無後胤。乃歸心三寶。造于千部觀音。希生一息。祝曰。若生男子。捨作法海津梁。母忽夢星墜入懷。因有娠。及誕。與釋尊同日。名善宗郞。神志澄睿。文思日贍。而無染世趣。早喪二親。轉厭塵譁。捐妻息。捨田園爲元寧寺。獨處幽險。不避狼虎。修枯骨。觀微或倦弊。乃小作室。周障荊棘

高僧傳絹作
納蓋納衲音通
僧傳澍作露晴菴音通
軌常作軌

裸坐其中○動輙箴刺○頭懸在梁○以祛昏瞑○適台輔有闕○門閥當議○累徵不赴○王乃勑曰○不就斬之○藏聞之曰○吾寧一日持戒而死○不願百年破戒而生○事聞○上許令出家○乃深隱岩叢○粮粒不恤○時有異禽○含菓來供○就手而喰○俄夢天人來授五戒○方始出谷○鄉邑士女○爭來受戒○藏自嘆邊生○西希大化○以仁平三年丙申歲(卽貞觀十年也)受勑○與門人僧實等十餘輩西入唐○謁淸涼山○山有曼殊大聖塑相○彼國相傳云○帝釋天將工來彫也○藏於像前禱祈冥感○夢像摩頂授梵偈○覺而未解○及旦有異僧來釋云○(已出皇龍塔篇)又曰○雖學萬敎○未有過此文○以袈裟舍利等付之而滅○(藏公初匿之○故唐僧傳不載○)藏知已蒙聖莂○乃下北臺○抵大和池入京師太宗勑使慰撫○安置勝光別院○寵賜頻厚○藏嫌其繁○擁啓表入終南雲際寺之東崿○架嵓爲室○居三年○人神受戒○靈應日錯○辭煩不載○旣而再入京○又蒙勑慰○賜絹二百疋○用資衣費○貞觀十七年癸卯○本國善德王上表乞還○詔許引入宮○賜絹一領●雜綵五百端○東宮亦賜二百端○又多禮貺○藏以本朝經像未充○乞齎藏經一部●洎諸幡幢花蓋●堪爲福利者皆載之○旣至○洎擧國欣迎○命住芬皇寺○(唐傳作王芬)給侍稠渥一夏○請至宮中講大乘論○又於皇龍寺演菩薩戒本七日七夜○天降甘澍○雲霧暗靄○覆所講堂○四衆咸服其異○朝廷議曰○佛敎東漸○雖百千齡○其於住持奉○修軌儀闕如也○非夫綱理○無以肅淸○啓勑藏爲大國統○凡僧尼一切規猷○總委僧統主之○(按北齊天寶中○國置十統○有司卷宜甄異之○於是宣帝以法上法師爲大統○餘爲通統○又梁陳之間○有國統●州統●國都●州都●僧都●僧正●都維乃等名○物屬昭玄曹○曹卽領僧尼官名○唐初又有十大德之盛○新羅眞興王十一年庚午○以安藏法師爲大書省一人○又有小書省二人○明年辛未○以高麗惠亮法師爲國統○亦云寺主○寶良法師爲大都維那一人○及州統九人○郡統十八人等○至藏更置大國

統一人。（蓋非常職也。亦猶夫禮郎爲大角干。金庾信大夫角干。後至元聖大王元年。又置僧官名授法典。以大舍一人史二人爲司棟。僧中有才行者爲之。有故卽替。無定年限。故今紫衣之徒。亦律寺之別也。鄕傳云。藏入唐。太宗迎至式乾殿
請講華嚴。天降甘露。開爲國師云者妄矣。唐傳與國史皆無文。）藏値斯嘉會。勇邀弘通。令僧尼五部各增舊學。半月說戒。冬春惣
試。令知持犯。置員管維持之。又遣巡使歷檢外寺。誡礪僧失。嚴飾經像爲恒式。一代護法
於斯盛矣。如夫子自衛返魯樂正。雅頌各得其宜。當此之際。國中之人。受戒奉佛。十室八
九。祝髮請度。歲月增至。乃創通度寺。築戒壇以度四來。（戒壇事已出上）又改營生緣里第元寧寺
設落成會。講雜花萬偈。感五十二女。現身證聽。使門人植樹如其數。以旌厥異。因號知識
樹。嘗以邦國服章不同諸夏。擧議於朝。簽允曰臧。乃以眞德王三年己酉。始服中朝衣冠。
明年庚戌又奉正朔。始行永徽號。自後每有朝覲。列在上蕃。藏之功也。暮年謝辭京輦於江
陵郡。（本冥州也）創水多寺居焉。復夢眞僧狀北臺所見。來告曰。明日見汝於大松汀。驚悸而起。
早行至松汀。果感文殊來格。諮詢法要。乃曰。重期於太伯葛蟠地。遂隱不現。（松汀至今不生荊刺。亦不棲鷹鸇
之類云。）藏往太伯山尋之。見巨蟒蟠結樹下。謂侍者曰。此所謂葛蟠地。乃創石南院。（今淨岩寺）以候
聖降。粤有老居士。方袍繿縷。荷葛簣。盛死狗兒來。謂侍者曰。欲見玆藏來爾。門者曰。
自卝巾箒未見忤犯吾師諱者。汝何人斯爾狂言乎。居士曰。但告汝師。遂入告。藏不之覺
曰。殆狂者耶。門人出詬逐之。居士曰。歸歟歸歟有我相者焉得見我。乃倒簣拂之。狗變爲
師子寶座。陞坐放光而去。藏聞之。方具威儀。尋光而趍登南嶺。已杳然不及。遂殞容而
卒。茶毗安骨於石穴中。凡藏之締構寺塔十有餘所。每一興造必有異祥。故蒲塞供塡市。不

僧傳誡礪僧失作試厲說法

郡當作府忠烈王三十四年溟州改江陵爲府冥溟音通

日而成。藏之道具布襪。幷大和龍所献木鴨枕。與釋尊由衣等。合在通度寺。又巘陽縣(今彥陽)有鴨遊寺。枕鴨甞於此現異。故名之。又有釋圓勝者。先藏西學。而同還桑梓。助弘律部云。讃曰。曾向淸凉夢破廻。七篇三聚一時開。欲令緇素衣慚愧。東國衣冠上國裁。

元曉不覊

聖師元曉。俗姓薛氏。祖仍皮公。亦云赤大公。今赤大淵側有仍皮公廟。父談捺乃末。初示生于押梁郡南。(今章山郡)佛地村北栗谷娑羅樹下。村名佛地。或作發智村。(俚云弗等乙寺)娑羅樹者。諺云。師之家本住此谷西南。母旣娠而月滿。適過此谷栗樹下。忽分產。而倉皇不能歸家。且以夫衣掛樹。而寢處其中。因號樹曰娑羅樹。其樹之實亦異於常。至今稱娑羅栗。古傳昔有主寺者。給寺奴一人。一夕饌栗二枚。奴訟于官。官吏怪之。取栗檢之。一枚盈一鉢。乃歸判給一枚。故因名栗谷。師旣出家。捨其宅爲寺。名初開。樹之旁置寺曰娑羅。師之行狀云。是京師人。從祖考也。唐僧傳云。本下湘州之人。按麟德二年間。文武王割上州下州之地。置歃良州。則下州乃今之昌寧郡也。押梁郡本下州屬縣。上州則今尙州。亦作湘州也。佛地村今屬慈仁縣。則乃押梁之所分開也。師生小名誓幢。第名新幢。(幢者俗云毛也)初母夢流星入懷。因而有娠。及將產。有五色雲覆地。眞平王三十九年•大業十三年丁丑歲也。生而穎異。學不從師。其遊方始末。弘通茂跡。具載唐傳與行狀。不可具載。唯鄕傳所記有一二段異事。師甞一日風顚唱街云。誰許沒柯斧。我斫支天柱。人皆未喩。時太宗聞之曰。此師殆欲得貴婦產賢子之謂爾。國有大賢。利莫大焉時瑤石宮(今學院是也)有寡公主。勅宮吏覓曉引入。官吏勅奉將求之。已自南山來過蚊川橋。(沙川。俗云年川。又蚊川。又橋名楡橋也。)遇之。佯墮水中濕衣袴。吏引師於宮褫衣曬晾。因留宿焉。公主果有娠。生薛聰。聰生而睿敏。博通經史。新羅十賢中一也。以方音通會華夷方俗物名。訓解六經文學。至今海東業明經者。傳受不絕。曉旣失戒生聰。已後易俗服。自號卜姓居士。偶得優人舞弄大瓠。其狀瑰奇。因其形製爲道具。以華嚴經一切無碍人一道出生死命名曰無碍。仍作歌流于世。甞持此。千村萬落且歌且舞。化詠而歸。使桑樞瓮牖玃猴之輩。皆識佛陁之號。咸作南無之稱。曉之化大矣哉。其生緣之村名佛地。寺名初開。自稱元曉者。蓋初輝佛日之意爾。元曉亦是方言也。當時人皆以鄉言稱之。始●旦也。曾住芬皇寺。簒華嚴疏至第四十廻向品。終乃絕筆。又甞因訟分軀於百松。故皆謂位階初地矣。亦因海龍之誘承詔於路上。撰三昧經疏。置筆硯於牛之兩角上。因謂之角乘。亦表本始二覺之微旨也。大安法師排來而粘紙。亦知音唱和也。旣入寂。聰碎遺骸。塑眞容。安芬皇寺。以表敬慕終天之志。聰時旁禮。像忽廻顧。至今猶顧矣。曉甞所居穴寺旁有聰家之墟云。

讃曰。角乘初開三昧軸。舞壺終掛萬街風。月明瑤石春眠去。門掩芬皇顧影空。廻顧至

義湘傳教

、法師義湘。考曰韓信金氏。年二十九依京師皇福寺落髮。未幾西圖觀化。遂與元曉道出遼

承丞音通一作仁問良圖等七字恐注

東。邊戍邏之爲諜者。囚閉者累旬。僅免而還。事在崔侯本傳。及曉師行狀等。永徽初。會唐使舡有西還者。寓載入中國。初止楊州。州將劉至仁請留衙內。供養豐贍。尋往終南山至相寺謁智儼。儼前夕夢一大樹生海東。枝葉溥布。來蔭神州。上有鳳巢。登視之。一摩尼寶珠。光明屬遠。覺而驚異。洒掃而待。湘乃至。殊禮迎際。從容謂曰。吾昨者之夢。子來投我之兆。許爲入室。雜花妙旨。剖析幽微。儼喜。逢郢質克發新致。可謂鉤深索隱藍茜沮本色。既而本國承相金欽純「一作仁問良圖等」。往囚於唐。高宗將大擧東征。欽純等密遣湘誘而先之。以咸亨元年庚午還國。聞事於朝。命神印大德明朗。假設密壇法禳之。國乃免。儀鳳元年。湘歸大伯山。奉朝旨創浮石寺。敷敞大乘。靈感頗著。終南門人賢首撰搜玄疏。送副本於湘處。幷奉書懃懇。曰。西京崇福寺僧法藏。致書於海東新羅華嚴法師侍者。一從分別二十餘年。傾望之誠豈離心首。加以烟雲萬里海陸千重。恨此一身不復再面。抱懷戀々。夫何可言。故由夙世同因今生同業。得於此報。俱沐大經。特蒙先師授玆奧典。仰承上人歸鄕之後。開演華嚴。宣揚法界。無碍緣起。重重帝網。新新佛國。利益弘廣。喜躍增深。是知如來滅後。光輝佛日。再轉法輪。令法久住者。其唯法師矣。藏進趣無成。周旋寡況。仰念玆典。愧荷先師。隨分受持。不能捨離。希憑此業。用結來因。但以和尙章疏義豐文簡。致令後人多難趣入。是以錄和尙微言妙旨。勒成義記。近因勝詮法師抄寫。還鄕傳之彼土。請上人詳檢臧否。幸示箴誨。伏願當當來世。捨身受身。相與同於盧舍那。聽受如此。無盡妙法。修行如此。無量普賢願行。儻餘惡業。一朝顚墜。伏希上人不遺宿昔。在諸趣中。示以正道。人信之次。時訪存沒。不具。（文載大文類）湘乃令十刹傳敎。太伯山浮石寺。原州毗摩羅伽耶之海印。毗瑟之玉泉。金井梵魚。南嶽華嚴寺是也。又著法界圖書印幷略疏。括盡一乘樞要。千載龜鏡競所珍佩。餘無撰述。嘗鼎味一臠足矣。圖成總章元年戊辰。是年儼亦歸寂。如孔氏之絕筆於獲麟矣。世傳湘乃金山寶蓋之幻有也。徒弟悟眞 智通 表訓 眞定 眞藏 道融 良圓 相源 能仁 義寂等十大德爲領首。皆亞聖也。各有傳眞。嘗處下柯山鶻嵓寺。每夜伸臂點浮石室燈。通著錐洞記。蓋承親訓。故辭多詣妙訓。會住佛國寺。常往來天宮。湘住皇福寺時。與徒衆繞塔。每步虛而上。不以階升。故其塔不設梯磴。其徒離階三尺。履空而旋。湘乃顧謂曰。世人見此。必以爲怪。不可以訓世。餘如崔候所撰本傳。讃曰。披榛跨海冒烟塵。至相門開接瑞珍。采々雜花我故國。終南太伯一般春。

虵福不言

京師萬善北里有寡女。不夫而孕。既產。年至十二歲不語。亦不起。因號虵童。（下或作蛇卜又巴又伏等。皆言童也。）一日其母死。時元曉住高仙寺。曉見之迎禮。福不答拜而曰。君我昔日馱經牸牛。今亡矣。偕葬何如。曉曰諾。遂與到家。令曉布薩授戒。臨尸祝曰。莫生兮其死也苦。莫死兮其生也苦。福曰詞煩。更之曰。死生苦兮。二公轝歸活里山東麓。曉曰。葬智惠虎於智惠林中。不亦宜乎。福乃作偈曰。往昔釋迦牟尼佛。娑羅樹間入涅槃。于今亦有如彼者。欲入蓮

注之上疑表
崇夊條石記作順
戩下疑悔得戒
力勒音通

花藏界寬。言訖拔茅莖。下有世界。晃朗清虛。七寶欄楯。樓閣莊嚴。殆非人間世。福負尸共入其地。奄然而合。曉乃還。後人爲創寺於金剛山東南。額曰道場寺。每年三月十四日。行占察會爲恒規。福之應世唯示此爾。俚諺多以荒唐之說託焉。可笑。讚曰。淵默龍眼豈等閑。臨行一曲沒多般。苦兮生死元非苦。華藏浮休世界寬。

眞表傳簡

釋眞表。完山州(今全州牧)萬頃縣人。(或作豆乃山縣。或作那山縣。今萬頃。古名豆乃山縣也。貫寧傳釋□之鄕里。云金山縣人。以寺名及縣名混之也。)父曰眞乃末。母吉寶娘。姓井氏。年至十二歲。投金山寺崇濟法師講下。落彩請業。其師甞謂曰。吾曾入唐受業於善道三藏。然後入五臺。感文殊菩薩現受五戒。表啓曰。勤修幾何得戒耶。濟曰。精至則不過一年。表聞師之言。遍遊名岳。止錫仙溪山不思議菴。該鍊三業。以亡身懺□□□初以七宵爲期。五輪撲石。膝腕俱碎。雨血嵓崖。若無聖應。決志捐捨。更期七日。二七日終。見地藏菩薩。現受淨戒。卽開元二十八年庚辰三月十五日辰時也。時齡二十餘三矣。然志存慈氏。故不敢中止。乃移靈山寺。(一名邊山。又楞伽山。)又懃勇如初。果感彌力。現授占察經兩卷。(此經乃陳隋間外國所譯。非今始出也。慈氏以經授之耳。)並證果簡子一百八十九介。謂曰。於中第八簡子喩新得妙戒。第九簡子喩增得具戒。斯二簡子是我手指骨餘。皆沈檀木造喩諸煩惱。汝以此傳法於世。作濟人津筏。表旣受聖莂。來住金山。每歲開壇。恢張法施。壇席精嚴。末季未之有也。風化旣周。遊涉到阿瑟羅州。島嶼間魚鼈成橋。迎入水中。講法受戒。卽天寶十一載壬辰二月望日也。

或本云元和六年。誤矣。元和在憲德王代。(去聖德幾七十年矣)景德王聞之。迎入宮闥。受菩薩戒。嚫租七萬七千石。椒庭列岳皆受戒。品施絹五百端•黃金五十兩。皆容受之。分施諸山。廣興佛事。其骨石今在鉢淵寺。卽爲海族演戒之地。得法之袖領。曰永深寶宗信芳體珍々海眞善釋忠等。皆爲山門祖。深則眞傳簡子。住俗離山。爲克家子。作壇之法。與占察六輪稍異。修如山中所傳本規。按唐僧傳云。開皇十三年。廣州有僧行懺法。以皮作帖子二枚。書善惡兩字。令人擲之。得善者吉。又自撲懺法。以爲滅罪。而男女合匝。妄承密行。青州接響。同行官司檢察謂是妖妄。彼云。此搭懺法依占察經。撲懺法依諸經中。五體投地。如大山崩。時以奏聞。乃勅內史侍郎李元撰。就大興寺問諸大德。有大沙門法經。彥琮等對曰。占察經見兩有兩卷。首題菩提。登在外國譯文。似近代所出。亦有寫而傳者。檢勘群錄。並無正名。譯人時處。搭懺與衆經復異。不可依行。因勅禁之。今試論之。青州居士等搭懺等事。如大儒以詩書發塚。可謂畫虎不成類狗者矣。佛所預防。正爲此爾。若曰占察經無譯人時處。爲可疑也。是亦擔麻棄金也。何則詳彼經文。乃悉壇深密。洗滌穢瑕。激昻懶夫者。莫如玆典。故亦名大乘懺。又云。出六根聚中。開元貞元二釋敎錄中編入正藏。雖外乎性宗。其相敎大乘殆亦優矣。豈與搭撲二懺同日而語哉。如舍利佛問經佛告長者子邠若多羅。曰。汝可七日七夜悔汝先罪。皆使淸淨。多羅奉敎。日夜懇惻。至第五夕。於其室中雨種種物。若巾帊若拂箒若刀錐斧等。墮其目前。多羅歡喜問於佛。佛言是離塵之相。割拂之物也。據

今金堤縣據勝覽補金堤縣今全羅道郡

歲譌

磨摩音通

栍疑柱下同

此。則與占察經擲輪得相之事奚以異哉。乃知表公翹懺得簡。聞法見佛。可謂不誣。況此經若僞妄。則慈氏何以親授表師。又此經如可禁。舍利問經亦可禁乎。琮輩可謂攫金不見人。讀者詳焉。讚曰。現身澆季激慵聾。靈岳仙溪感應通。莫謂翹懃傳搭懺。作橋東海化魚龍。

關東楓岳鉢淵藪石記

此記乃寺主瑩岑所撰。承安四年己未立石。

眞表律師。全州碧骨郡(今金堤縣)都那山村大井里人也。年至十二。志求出家。父許之。師往金山藪順濟法師處容染。濟授沙彌戒法傳敎供養次第秘法一卷。占察善惡業報經二卷曰。汝持此戒法於彌勒地藏兩聖前。懇求懺悔。親受戒法。流傳於世。師奉敎辭退。遍歷名山。年已二十七歲。於上元元年庚子。蒸二十斗米。乃乾爲粮。詣保安縣。入邊山不思議房。以五合米爲一日費。除一合米養鼠。師勤求戒法於彌勒像前。三年而未得授記。發憤捨身嵓下。忽有青衣童。手捧而置石上。師更發志願。約三七日。日夜勤修。扣石懺悔。至三日手臂折落。至七日夜。地藏菩薩手搖金錫來爲加持。手臂如舊。菩薩遂與袈裟及鉢。師感其靈應。倍加精進。滿三七日。卽得天眼見兜率天衆來儀之相。於是地藏慈氏現前。慈氏磨師頂曰。善哉大丈夫求如是戒。不惜身命。懇求懺悔。地藏授與戒本。慈氏復與二栍。一題曰九者。一題八者。告師曰。此二簡子者。是吾手指骨。此喩始本二覺。又九者法爾。八者新熏成佛種子。以此當知果報。汝捨此身受大國王身。後生於兜率。是如語已。兩聖卽隱。時壬寅四月二十七日也。師受敎法。已欲創金山寺。下山而來。至大淵津。忽有龍王。出献玉袈裟。將八萬眷屬侍。往金山藪。四方子來。不日成之。復感慈氏。從兜率駕雲而下。與師受戒法。師勸檀緣。鑄成彌勒丈六像。復畫下降受戒威儀之相於金堂南壁。口於甲辰六月九日鑄成。丙午五月一日安置金堂。是歲大曆元年也。師出金山。向俗離山。路逢駕牛乘車者。其牛等向師前。跪膝而泣。乘車人下問。何故此牛等見和尙泣耶。和尙從何而來。師曰。我是金山藪眞表僧。予曾入邊山不思議房。於彌勒地藏兩聖前。親受戒法眞栍。欲覓創寺鎭長修道之處。故來爾。此牛等外愚內明。知我受戒法爲重法。故跪膝而泣。其人聞已。乃曰。畜生尙有如是信心。況我爲人。豈無心乎。卽以手執鎌。自斷頭髮。師以悲心。更爲祝髮受戒。行至俗離山。洞裏見吉祥草所生處而識之。還向溟州海邊。徐行次有魚鼈黿鼉等類。出海向師前。綴身如陸。師踏而入海。唱念戒法還出。行至高城郡。入皆骨山。始創鉢淵藪。開占察法會。住七年。時溟州界年穀不登。人民飢饉。師爲說戒法。人人奉持。致敬三寶。俄於高城海邊。有無數魚類。自死而出。人民賣此爲食得免死。師出鉢淵。復到不思議房。然後往詣家邑謁父。或到眞門大德房居住時。俗離山大德永深與大德融宗佛陁等同詣律師所。伸請曰。我等不遠千里來求戒法。願授法門。師默然不答。三人者乘桃樹上。倒墮於地。勇猛懺悔。師乃傳敎灌頂。遂與袈裟・及鉢供養次第秘法一卷・日察善惡業報經二卷・一百八十九栍。復與彌勒眞栍九者八者誡曰。九者法爾。八者新熏成佛種子。我已付囑汝等。持此還歸俗離

子疑予訛

無極記疑註

撰疑檢

山。山有吉祥草生處。於此創立精舍。依此敎法。廣度人天。流布後世。永深等奉敎。直往俗離。尋吉祥草生處。創寺名曰吉祥。永深於此始設占察法會。律師與父復到鉢淵。同修道業而終孝之。師遷化時。登於寺東大巖上示滅。弟子等不動眞體。而供養至于骸骨散落。於是以土覆藏。乃爲幽宮。有靑松卽出。歲月久遠而枯。復生一樹。後更生一樹。其根一也。至今雙樹存焉。凡有致敬者。松下覓骨。或得或不得。子恐聖骨堙滅。丁巳九月。特詣松下。拾骨盛筒。有三合許。於大嵓上雙樹下。立石安骨焉云云。此錄所載眞表事跡。與鉢淵石記。互有不同。故刪取瑩岑所記而載之。後賢宜考之。無極記。

勝詮髑髏

釋勝詮。未詳其所自也。常附舶指中國。詣賢首國師講下。領受玄言。硏微積慮。惠鑒超穎。探賾索隱。妙盡隅奧。思欲赴感有緣。當還國里。始賢首與義湘同學。俱禀儼和尙慈訓。首就於師說。演述義科。因詮法師還鄕寄示。湘仍寓書。云云別幅云。探玄記二十卷。兩卷未成。敎分記三卷。玄義章等雜義一卷。華嚴梵語一卷。起信疏兩卷。十二門疏一卷。法界無差別論疏一卷。並因勝詮法師抄寫還鄕。頃新羅僧孝忠遺金九分。云是上人所寄。雖不得書。頂荷無盡。今附西國軍持澡灌一口用表微誠。幸願撿領。謹宣。師旣還。寄信于義湘。湘乃目閱藏文。如耳聆儼訓。探討數旬。而授門弟子。廣演斯文。語在湘傳。按此圓融之敎誨。遍洽于靑丘者。寔師之功也。厥後有僧梵修。遠適彼國。求得新譯。後分華嚴經

原本項作頃今據勝覽改

觀師義疏。言還疏演。時當貞元己卯。斯亦求法洪揚之流乎。詮乃於尙州領內開寧郡境。開創精廬。以石髑髏爲官屬。開講華嚴。新羅沙門可歸頗聰明識道理。有傳燈之續。乃撰心源章。其畧云。勝詮法師領徒石衆。論議講演。今葛項寺也。其髑髏八十餘枚。至今爲綱司所傳頗有靈異。其他事迹具載碑文。如大覺國師實錄中

心地繼祖

釋心地。辰韓第四十一主憲德大王金氏之子也。生而孝悌。天性冲睿。志學之年。落采從師。拳懃于道。寓止中岳。今公山 適聞俗離山深公表律師佛骨簡子設果訂法會。決意披尋。既至。後期不許參例。乃席地扣庭。隨衆禮懺。經七日。天大雨雪。所立地方十尺許雪飄不下。衆見其神異。許引入堂地。撝謙稱恙。退處房中。向堂潛禮。肘顙俱血。類表公之仙溪山也。地藏菩薩日來問慰。洎席罷還山。途中見二簡子貼在衣褶間。持迴告於深。深曰。簡在函中。那得至此。檢之封題依舊。開視亡矣。深深異之。重襲而藏之。又行如初。再迴告之。深曰。佛意在子。子其奉行。乃授簡子。地頂戴皈山。岳神率二仙子。迎至山椒。引地坐於嵓上。皈伏嵓下。謹受正戒。地曰。今將擇地奉安聖簡。非吾輩所能指定。請與三君憑高擲簡以卜之。乃與神等陟峰巓。向西擲之。簡乃風颺而飛。時神作歌曰。礙嵓遠退砥平兮。落葉飛散生明兮。覓得佛骨簡子兮。邀於淨處投誠兮。既唱而得簡於林泉中。卽其地構堂安之。今桐華寺籤堂北有小井是也。本朝睿王嘗取迎聖簡。致內瞻敬。忽失九者

一簡。以牙代。之送還本寺。今則漸。變同一色難卞新古。其質乃非牙非玉。按占察經上卷敘一百八十九簡之名。一者求上乘得不退。二者所求果現當證。第三第四求中下乘得不退。五者求神通得成就。六者修四梵得成就。七者修世禪得成就。八者所欲受得妙戒。九者所曾受得戒具。以此文訂知慈氏所言新得戒者。謂今生始得戒也。舊得戒者。謂過去曾受。今生又增受也。非謂修生本有之新舊也。十者求下乘未住信。次求中乘未住信。如是乃至一百七十二。皆過現世中。或善或惡得失事也。第一百七十三者。捨身已入地獄。已上皆未來之果也一百七十四者。死已作畜生。如是乃至餓鬼 修羅 人 人王 天 天王 聞法 出家 値聖僧 生兜率 生淨土 尋見佛 住下乘 住中乘 住上乘 得解脫第一百八十九等是也。上言住下乘至上乘得不退。今言上乘得解脫等。以此別爾。皆三世善惡果報差別之相。以此占看得與心所行事。相當則爲感應。否則爲不至。心名爲虛謬。則此八九二簡。但此百八十九中而來者也。而宋傳但云。百八籤子。何也。恐認彼百八煩惱之名而稱之。不揆尋經文爾。又按本朝文士金寬毅所撰王代宗錄二卷云。羅末新羅大德釋冲猷太祖。以表律師袈裟一領戒簡百八十九枚。今與桐華寺所傳簡子。未詳同異。 讚曰。生長金閨早脫籠。儉勤聰惠自天鍾。滿庭積雪偷神簡。來放桐華最上峯。

賢瑜珈 海華嚴

瑜珈祖大德大賢住南山茸長寺。寺有慈氏石丈六。賢常旋繞。像亦隨賢轉面。賢惠辯精敏。決擇了然。大抵相宗銓量。旨理幽深。難爲剖析。中國名士白居易嘗窮之未能。乃曰。唯識幽難破。因明璧不開。是以學者難承稟者尙矣。賢獨刋定邪膠。暫開幽奧。恢々游刄。東國後進咸遵其訓。中華學士往往得此爲眼目。景德王天寶十二年癸巳。夏大旱。詔入內殿。講金光經。以祈甘霔。一日齋次。展鉢良久。而淨水献遲。監吏詰之。供者曰。宮井枯涸。汲遠。故遲爾。賢聞之曰。何不早云。及晝講時。捧爐默然。斯須井水湧出。高七丈許。與刹幢齊。闔宮驚駭。因名其井曰金光井。賢嘗自號靑丘沙門。 讃曰。遶佛南山像逐旋。靑丘佛日再中懸。解敎宮井淸波湧。誰識金爐一炷烟。 明年甲午夏。王又請大德法海於皇龍寺。講華嚴經。駕幸行香。從容謂曰。前夏大賢法師講金光經。井水湧七丈。此公法道如何。海曰。特爲細事。何足稱乎。直使傾滄海。襄東岳。流京師。亦非所難。王未之信。謂戲言爾。至午講引爐沉寂。須臾內禁忽有哭泣聲。宮吏走報曰。東池已溢。漂流內殿五十餘間。王罔然自失。海笑謂之曰。東海欲傾。水脉先漲爾。王不覺興拜。翌日感恩寺奏。昨日午時海水漲溢。至佛殿階前。晡時而還。王益信敬之。 讃曰。法海波瀾法界寬。四海盈縮未爲難。莫言百億須彌大。都在吾師一指端。石海云

三國遺事卷第四 終

三國遺事卷第五

承丞音通

卞疑乍

神呪第六

密本摧邪

善德王德曼遘疾彌留。有興輪寺僧法惕•應詔侍疾。久而無効。時有密本法師•以德行聞於國。左右請代之。王詔迎入內。本在宸仗外讀藥師經。卷軸纔周。所持六環飛入寢內。刺一老狐與法惕。倒擲庭下。王疾乃瘳。時本頂上發五色神光。覩者皆驚。又承相金良圖爲阿孩時。忽口噤體硬。不言不遂。每見一大鬼率群小鬼來。家中凡有盤肴•皆啖嘗之。巫覡來祭。則群聚而爭侮之。圖雖欲命撤。而口不能言。家親請法流寺僧亡名來轉經。大鬼命小鬼。以鐵槌打僧頭仆地。嘔血而死。隔數日。遣使邀本。使還言。本法師受我請將來矣。衆鬼聞之皆失色。小鬼曰。法師至將不利。避之何幸。大鬼侮慢自若曰。何害之有。俄而有四方大力神。皆屬金甲長戟。來捉群鬼而縛去。次有無數天神。環拱而待。須臾本至。不待開經。其疾乃治。語通身解。具說件事。良圖因此篤信釋氏。一生無怠。塑成興輪寺吳堂主•彌陁尊像•左右菩薩。竝滿金畫其堂。本嘗住金谷寺。又金庾信嘗與一老居士交厚。世人不知其何人。于時公之戚秀天久染惡疾。公遣居士診衛。適有秀天之舊名因惠師者。自中岳來訪之。見居士而慢侮之曰。相汝形儀•邪佞人也。何得理人之疾。居士曰。我受金公命。不獲已爾。惠曰。汝見我神通。乃奉爐呪香。俄頃五色雲旋遶頂上。天花散落。士曰。和尚通力不可思議弟子亦有拙技請試之。願師乍立於前。惠從之。士彈指一聲。惠倒迸於空。高一丈許。良久徐徐倒下。頭卓地。屹然如植橛。旁人推挽之不動。士出去。惠猶倒卓達曙。明日秀天使扣於金公。公遣居士往救。乃解。因惠不復賣技。讚曰。紅紫紛々幾亂朱。堪嗟魚目誑愚夫。不因居士輕彈指。多小巾箱襲碔砆。

惠通降龍

釋惠通。氏族未詳。白衣之時。家在南山西麓銀川洞之口。(今南澗寺東里)一日遊舍東溪上。捕一獺屠之、弃骨園中。詰旦亡其骨。跡血尋之。骨還舊穴。抱五兒而蹲。郎望見驚異。久之感嘆躕躇。便弃俗出家。易名惠通。往唐謁無畏三藏請業。藏曰。嵎夷之人豈堪法器。遂不開授。通不堪輕謝去。服勤三載。猶不許。通乃憤悱立於庭。頭戴火盆。須臾頂裂聲如雷。藏聞來視之。撤火盆。以指按裂處。誦神呪。瘡合如平日。有瑕如王字文。因號王和尙。深器之。傳印訣。時唐室有公主疾病。高宗請救於三藏。擧通自代。通受敎別處。以白豆一斗呪。銀器中變白甲神兵。逐祟不克。又以黑豆一斗呪。金器中變黑甲神兵。令二色合逐之。忽有蛟龍走出。疾遂瘳。龍怨通之逐己也。來本國文仍林。害命尤毒。是時鄭恭奉使於唐。見通而謂曰。師所逐毒龍歸本國害甚。速去除之。乃與恭以麟德二年乙丑還國而黜之。龍又怨恭。乃托之柳●生鄭氏門外。恭不之覺。但賞其葱密。酷愛之。及神文王崩●孝昭卽位。修山陵除葬路。鄭氏之柳當道。有司欲伐之。恭恚曰。寧斬我頭。莫伐此樹。有司奏聞。王大怒。命司寇曰。鄭恭恃王和尙神術。將謀不遜。侮逆王命。言斬我頭。宜從所好。乃誅之。坑其家。朝議。王和尙與恭甚厚。應有忌嫌。宜先圖之。乃徵甲尋捕。通在王望寺見甲徒至。登屋。携砂瓶研朱筆而呼曰。見我所爲。乃於瓶項抹一畫曰。爾輩宜各見項。視之皆朱畫。相視愕然。又呼曰。若斷瓶項。應斷爾項如何。其徒奔走。以朱項赴王。王曰。和尙神通。豈人力所能圖。乃捨之。王女忽有疾。詔通治之。疾愈。王大悅。通因言。恭被毒龍之汚濫膺國刑。王聞之心悔。乃免恭妻孥。拜通爲國師。龍旣報寃於恭。往機張山爲熊神。慘毒滋甚。民多梗之。通到山中。諭龍授不殺戒。神害乃息。初神文王發疽背。請候於通。通至呪之立活。乃曰。陛下曩昔爲宰官身。誤決臧人信忠爲隷。信忠有怨。生生作報。今玆惡疽亦信忠所崇。宜爲忠創伽藍。奉冥祐以解之。王深然之。創寺號信忠奉聖寺。寺成。空中唱云。因王創寺。脫苦生天。怨已解矣。(或本載此事於眞表傳中誤) 因其唱地。置折怨堂。堂與寺今存。先是密本之後有高僧明朗。入龍宮得神印。(梵云文豆婁。此云神印。) 祖創神遊林。(今天王寺) 屢禳隣國之寇。今和尙傳無畏之髓。遍歷塵寰。救人化物、兼以宿命之明創寺雪怨。密敎之風於是乎大振。天磨之總持嵒。母岳之呪錫院等皆其流裔也。或云。通俗名尊勝角干。角干乃新羅之宰相峻級。未聞通歷仕之迹。或云。射得豺狼。皆未詳。讃曰。山桃溪杏映籬斜。一徑春深兩岸花。賴得郎君閑捕獺。盡敎魔外遠京華。

明朗神印

按金光寺本記云。師挺生新羅。入唐學道。將還。因海龍之請。入龍宮傳秘法。施黃金千

湧踴音通以下倣此

兩。(今云千斤)潛行地下。湧出本宅井底。乃捨爲寺。以龍王所施黃金飾塔像。光曜殊特。因名金光焉。(僧傳作金羽寺誤)師諱明朗。字國育。新羅沙干才良之子。母曰南澗夫人。或云。法乘娘蘇判茂林之子金氏。則慈藏之妹也。三息。長曰國敎大德。次曰義安大德。師其季也。初母夢呑靑色珠而有娠。善德王元年入唐。貞觀九年乙未來歸。總章元年戊辰。唐將李勣統大兵。合新羅滅高麗。後餘軍留百濟。將襲滅新羅。羅人覺之。發兵拒之。高宗聞之赫怒。命薛邦興師將討之。文武王聞之懼。請師開秘法禳之。(事在文武王傳中)因玆爲神印宗祖。及我太祖創業之時。亦有海賊來擾。乃請安惠朗融之裔•廣學大緣等二大德。作法禳鎭。皆朗之傳系也。故幷師而上至龍樹爲九祖。(本寺記三師爲律祖。未詳。)又太祖爲創現聖寺。爲一宗根柢焉。又新羅京城東南二十餘里有遠源寺。諺傳。安惠等四大德•與金庾信金義元金述宗等同願所創也。四大德之遺骨皆藏寺之東峰。因號四靈山祖師嵓云。則四大德皆羅時高德。按堗白寺柱貼注脚載。慶州戶長巨川母阿之女。女母明珠女。女母積利女之子。廣學大德大緣三重(古名善會)昆季二人。皆投神印宗。以長興二年辛卯。隨太祖上京。隨駕焚修。賞其勞。給二人父母忌日寶于堗白寺。田畓若干結云云。則廣學大緣二人。隨聖祖入京者。安師等。乃與金庾信等創遠源寺者也。廣學等二人骨亦來安于玆爾。非四德皆創遠源。皆隨聖祖也詳之。

感通第七

仙桃聖母隨喜佛事

眞平王朝。有比丘尼名智惠。多賢行。住安興寺。擬新修佛殿而力未也。夢一女仙風儀婥約・珠翠飾鬟。來慰曰。我是仙桃山神母也喜汝欲修佛殿。願施金十斤以助之。宜取金於予座下。粧點主尊三像壁上。繪五十三佛・六類聖衆・及諸天神・五岳神君。羅時五岳。謂東吐含山・南智異山・西雞龍・北太伯中父岳。亦云公山也。每春秋二季之十日。叢會善男善女。廣爲一切含靈・設占察法會。以爲恒規。本朝屈弗池龍託夢於帝。請於靈鷲山長開藥師道場。口平海途。其事亦同。惠乃驚覺。率徒往神祠座下。掘得黃金一百六十兩。克就乃功。皆依神母所諭。其事唯存。而法事廢矣。神母本中國帝室之女。名娑蘇。早得神仙之術。歸止海東。久而不還。父皇寄書繫足云。隨鳶所止爲家。蘇得書放鳶。飛到此山而止。遂來宅爲地仙。故名西鳶山。神母久據玆山。鎭祐邦國。靈異甚多有。國已來。常爲三祀之一。秩在群望之山。第五十四景明王好使鷹。嘗登此放鷹而失之。禱於神母曰。若得鷹。當封爵。俄而鷹飛來止机上。因封爵大王焉。其始到辰韓也。生聖子爲東國始君。盖赫居閼英二聖之所自也。故稱雞龍雞林白馬等。雞屬西故也。嘗使諸天仙織羅。緋染作朝衣。贈其夫。國人因此始知神驗。又國史史臣曰。軾政和中嘗奉使入宋。詣佑神館。有一堂設女仙像。館伴學士王黼曰。此是貴國之神。公知之乎。遂言曰。古有中國帝室之女。泛海抵辰韓生子。爲海東始祖。女爲地仙。長在仙桃山。此其像也。又大宋國使王襄到我朝。祭東神聖母女。有娠賢肇邦之句。今能施金奉佛。爲含生開香火作津梁。豈徒學長生而囿於溟濛者哉。讚曰。來宅西鳶幾十霜。招呼帝子織霓裳。長生未必無生異。故謁金仙作玉皇。

今順安當作今榮州今慶尙道榮川郡是也

遊捨音通

爲下疑阿

郁面婢念佛西昇

景德王代康州(今晉州。一作剛州。則今順安。)善士數十人志求西方。於州境創彌陁寺。約萬日爲契。時有阿干貴珍家一婢名郁面　隨其主歸寺。立中庭。隨僧念佛。主憎其不職。每給穀二碩。一夕舂之婢一更舂畢。歸寺念佛。(俚言己事之忙。大家之舂促。蓋出乎此。)日夕微怠。庭之左右竪立長橛。以繩穿貫兩掌。繫於橛上合掌。左右遊之激勵焉。時有天唱於空。郁面娘入堂念佛。寺衆聞之。勸婢入堂。隨例精進。未幾天樂從西來。婢湧透屋樑而出。西行至郊外。捐骸變現眞身。坐蓮臺放大光明。緩緩而逝。樂聲不徹空中。其堂至今有透穴處云。(已上鄕傳)　按僧傳。棟梁八珍者觀音應現也。結徒口一千。分明爲二。一勞力。一精修。彼勞力中知事者不口戒墮畜生道。爲浮石寺牛。嘗馱經而行賴經力轉爲口干貴珍家婢。名郁面。因事至下柯山。感夢遂發道心。阿干家距惠宿法師所創彌陁寺不遠。阿干每至其寺念佛。婢隨往。在庭念佛云云。如是九年。歲在乙未。正月二十一日。禮佛撥屋梁而去。至小伯山墮一隻履。就其地爲菩提寺。至山下棄其身。卽其地爲二菩提寺。榜其殿曰勗面登天之殿。屋脊穴成十許圍。雖暴雨密雪不霑濕。後有好事者範金塔一座。直其穴。安承塵上以誌其異。今榜塔尙存。勗面去後。貴珍亦以其家異人托生之地捨爲寺。曰法王。納田民久。後廢爲丘墟。有大師懷鏡。與承宣劉碩小卿李元長同願重營之。鏡躬事土木。始輸材。夢老父遺麻葛屨各一。又就古神社。諭以佛理。斫出祠側材木。凡五載告畢。又加臧獲。蔚爲東南名藍。人以鏡爲貴珍後身。　議曰。按鄕中古

刀疑力
事疑畢訛
藏莊音通
阿邪上疑句

傳。郁面乃景德王代事也。據徵(徵字疑作珎。下亦同。)本傳。則元和三年戊子哀莊王時也。景德後歷惠
恭宣德元聖昭聖哀莊等五代。共六十餘年也。徵先面後。與鄕傳乖違。然兩存之闕疑。讃
曰。 西隣古守佛燈明。春罷歸來夜二更。自許一聲成一佛。掌穿繩子直忘形。

廣德 嚴莊

文武王代。有沙門名廣德嚴莊二人友善。日夕約曰。先歸安養者須告之。德隱居芬皇西里。(或云。皇龍寺有西去房。未知孰是)
濡鞋爲業。挾妻子而居。莊庵栖南岳。大種刀耕一口。日影施紅。松陰靜暮。
窓外有聲●報云。某已西往矣。惟君好住。速從我來。莊排闥而出顧之。雲外有天樂聲。光
明屬地。明日歸訪其居。德果亡矣。於是乃與其婦收骸。同營蒿里。旣事。乃謂婦曰。夫子
逝矣。偕處何如。婦曰可。遂留夜宿。將欲通焉。婦靳之曰。師求淨土。可謂求魚緣木。莊
驚怪問曰。德旣乃爾。予又何妨。婦曰。夫子與我同居十餘載。未嘗一夕同床而枕。況觸汚
乎。但每夜端身正坐。一聲念阿彌陁佛號。或作十六觀。觀旣熟。明月入戶。時昇其光。加趺
於上。竭誠若此。雖欲勿西奚往。夫適千里者●一步可規。今師之觀可云東矣。西則未可知
也。莊愧赧而退。便詣元曉法師處。懇求津要。曉作錚觀法誘之。藏於是潔己悔責。一意修
觀。亦得西昇。錚觀在曉師本傳。與海東僧傳中。其婦乃芬皇寺之婢。盖十九應身之一德。
嘗有歌云。 月下伊底亦。 西方念丁去賜里遣 無量壽佛前乃 惱叱古音(鄕言云報言也)多可支白
遣賜立 誓音深史隱尊衣希仰支 兩手集刀花乎白良願往生願往生 慕人有如白遣賜立阿邪

文上疑神

眞疑貿訛

此身遺也置遺　四十八大願成遺賜去

憬興遇聖

口文王代。大德憬興。姓水氏。熊川州人也。年十八出家。遊及三藏。望重一時。開耀元年。文武王將昇遐。顧命於神文曰。憬興法師可爲國師。不忘朕命。神文卽位。曲爲國老。住三郞寺。忽寢疾彌月。有一尼來謁候之。以華嚴經中善友原病之說爲言曰。今師之疾。憂勞所致。喜笑可治。乃作十一樣面貌。各作俳諧之舞。巉巖戌削。變態不可勝言。皆可脫頤。師之病不覺洒然。尼遂出門。乃入南巷寺(寺在三郞寺南)而隱。所將杖子在幀畫十一面圓通像前。一日將入王宮。從者先備於東門之外。鞍騎甚都。靴笠斯陳。行路爲之辟易。一居士(一云沙門)形儀疎𦆽。手杖背筐來。憩于下馬臺上。視筐中乾魚也。從者呵之曰。爾着緇。奚負觸物耶。僧曰。與其挾生肉於兩股間。背眞三市之枯魚。有何所嫌。言訖起去。興方出門。聞其言。使人追之。至南山文殊寺之門外。抛筐而隱。杖在文殊像前。枯魚乃松皮也。使來告。興聞之嘆曰。大聖來戒我騎畜爾。終身不復騎。興之德馨遺味。備載釋玄本所撰三郞寺碑。嘗見普賢章經彌勒菩薩言。我當來世生閻浮提。先度釋迦末法弟子。唯除騎馬比丘不得見佛。可不警哉。讚曰。昔賢垂範意彌多。胡乃兒孫莫切磋。背底枯魚猶可事。那堪他日負龍華。

眞身受供

事寺音通

挾浹音通

長壽元年壬辰。孝昭卽位。始創望德寺。將以奉福唐室。後景德王十四年。望德寺塔戰動。是年有安史之亂。羅人云。爲唐室立玆寺。宜其應也。八年丁酉。設落成會。王親駕辦供。有一比丘儀彩疎陋。局束立於庭。請曰。貧道亦望齋。王許赴床杪。將罷。王戲調之曰。住錫何所。僧曰琵琶嵓。王曰此去。莫向人言赴國。王親供之齋。僧笑答曰。陛下亦莫與人言供養眞身釋迦。言訖。湧身凌空。向南而行。王驚愧馳上東岡。向方遙禮。使往尋之。到南山參星谷。或云。大磧川源石上置錫鉢而隱。使來復命。遂創釋迦寺於琵琶嵓下。創佛無事於滅影處。分置錫鉢焉。二寺至今存。錫鉢亡矣。智論第四云。昔有罽賓三藏。行阿蘭若法。至一王寺。寺設大會。守門人見其衣服麁弊。遮門不前。如是數數。以衣弊故。每不得前。便作方便。假借好衣而來。門人見之。聽前不禁。旣獲詣坐。得種種好食。先以與衣衆。人問言何以爾乎。答曰。我比數來。每不得入。今以衣故此座。得種種食。宜以與衣爾。事可同按。讚曰。

燃香擇佛看新繪。辦供齋僧喚舊知。從此琵琶嵓上月。時時雲掩到潭遲。

月明師兜率歌

景德王十九年庚子四月朔。二日並現。挾旬不滅。日官奏。請緣僧作散花功德。則可禳。於是潔壇於朝元殿。駕幸靑陽樓望緣僧。時有月明師行于阡陌時之南路。王使召之。命開壇作啓。明奏云。臣僧但屬於國仙之徒。只解鄕歌。不閑聲梵。王曰。旣卜緣僧。雖用鄕歌可也。明乃作兜率歌賦之。其詞曰。 今日此矣散花唱良巴寶白乎隱花良汝隱 直等隱心音矣命叱使以惡只 彌勒座主陪立羅良 解曰。 龍樓此日散花歌桃送青雲一片花殷重直心之所使遠邀兜率大僊家。 今俗謂此爲散花歌。誤矣。宜云兜率歌。別有散花歌。文多不載。既而日恠卽滅。王嘉之。賜品茶一襲•水精念珠百八箇。忽有一童子。儀形鮮潔。跪奉茶珠。從殿西小門而出。明謂是內宮之使。王謂師之從者。及玄徵而俱非。王甚異之。使人追之。童入內院塔中而隱。茶珠在南壁畫慈氏像前。知明之至德與至誠•能昭假于至聖也如此。朝野莫不聞知。王益敬之。更贐絹一百疋。以表鴻誠。明又嘗爲亡妹營齋。作鄕歌祭之。忽有驚飇吹紙錢。飛擧向西而沒。 歌曰。 生死路隱 此矣有阿米次肹伊遣 吾隱去內如辭叱都 毛如云遣去內尼叱古 於內秋察早隱風未 此矣彼矣浮良落尸葉如一等隱枝良出古 去奴隱處毛冬乎丁 阿也 彌陁刹良逢乎吾道修良待是古如。 明常居四天王寺。善吹笛。嘗月夜吹過門前大路。月馭爲之停輪。因名其路曰月明里。師亦以是著名。師卽能俊大師之門人也。羅人尙鄕歌者尙矣。蓋詩頌之類歟。故往往能感動天地鬼神者非一。 讚曰。 風送飛錢資逝妹。笛搖明月住姮娥。莫言兜率連天遠。萬德花迎一曲歌。

善律還生

望德寺僧善律。施錢欲成六百般若。功未周。忽被陰府所追至冥。司問曰汝在人間作何業。律曰。貧道暮年欲成大品經。功未就而來。司曰。汝之壽籙雖盡。勝願□□。宜復人間畢成寶

小遠疑少爲

徵懲音通

典。乃放還。途中有一女子哭泣拜前曰。我亦南閻州新羅人。坐父母陰取金剛寺水田一畝。被冥府追檢。久受重苦。今師若還古里。告我父母速還厥田。妾之在世。胡麻油埋於床下。幷藏緻密布於寢褥間。願師取吾油點佛燈。貨其布爲經幅。則黃川亦恩。庶幾脫我苦惱矣。律曰。汝家何在。曰。沙梁部久遠寺西南里也。律聞之方行。乃蘇。時律死已十日。葬于南山東麓。在塚中呼三日。牧童聞之來告於本寺。寺僧歸發塚出之。具說前事。又訪女家。女死隔十五年。油布宛然。律依其論作冥福。女來魂報云。賴師之恩。妾已離苦得脫矣。時人聞之莫不驚感。助成寶典。其經秩今在東都僧司藏中。每年春秋。披轉禳災焉。讚曰。堪羨吾師仗勝緣。魂遊却返舊林泉。爺孃若問兒安否。爲我催還一畝田。

金現感虎

新羅俗每當仲春。初八至十五日。都人士女。競遶興輪寺之殿塔爲福會。元聖王代。有郎君金現者。夜深獨遶不息。有一處女念佛隨遶。相感而目送之。遶畢。引入屛處通焉。女將還現從之。女辭拒而强隨之。行至西山之麓。入一茅店。有老嫗問女曰。附率者何人。女陳其情。嫗曰。雖好事不如無也。然遂事不可諫也。且藏於密。恐汝弟兄之惡也。把郞而匿之奥小遠有三虎咆哮而至。作人語曰。家有腥膻之氣。療飢何幸。嫗與女叱曰。爾鼻之爽乎。何言之狂也。時有天唱。爾輩嗜害物命尤多。宜誅一以徵惡。三獸聞之。皆有憂色。女謂曰。三兄若能遠避而自懲。我能代受其罰。皆喜俛首妥尾而遁去。女入謂郞曰。始吾恥君子之辱

臨弊族。故辭禁爾。今旣無隱。敢布腹心。且賤妾之於郎君。雖曰非類。得陪一夕之歡。義
重結褵之好。三兄之惡天旣厭之。一家之殃予欲當之。與其死於等閑人之手。曷若伏於郎君
及下以報之德乎。妾以明日入市爲害劇。則國人無如我何。大王必募以重爵而捉我矣。君
其無㤼。追我乎城北林中。吾將待之。現曰。人友人彝倫之道。異類而交盖非常也。旣得從
容。固多天幸。何可忍賣於伉儷之死。僥倖一世爵祿乎。女曰。郎君無有此言。今妾之壽夭盖
天命也。亦吾願也。郎君之慶也。予族之福也。國人之喜也。一死而五利備。其可違乎。但
爲妾創寺。講眞詮資勝報。則郎君之惠莫大焉。遂相泣而別。次日果有猛虎。入城中剽甚。
無敢當。元聖王聞之。申令曰。戡虎者爵二級。現詣闕奏曰。小臣能之。乃先賜爵以激之。
現持短兵入林中。虎變爲娘子。熙怡而笑曰。昨夜共郎君繾綣之事。惟君無忽。今日被爪傷
者。皆塗興輪寺醬。聆其寺之螺鉢聲則可治。乃取現所佩刀。自頸而仆。乃虎也。現出林而
託曰。今玆虎易搏矣。匿其由不洩。但依諭而治之。其瘡皆効。今俗亦用其方。現旣登庸。
創寺於西川邊。號虎願寺。常講梵網經。以導虎之冥遊。亦報其殺身成己之恩。現臨卒。深
感前事之異。乃筆成傳俗。始聞知因名論虎林稱于今。貞元九年。申屠澄自黃冠調補漢州
(今廣州)竹府縣之尉。至眞符縣之東十里許。遇風雪大寒。馬不能前。路傍有茅舍。中有煙火
甚溫。照燈下就之。有老父嫗及處子。環火而坐。其女年方十四五。雖蓬髮垢衣。雪膚花臉
擧止妍媚。父嫗見澄來。遽起曰。客甚衝寒雪。請前就火。澄坐良久。天色已暝。風雪不

今廣州據勝覽補
本百濟南漢山城
新羅爲漢山州又
稱南漢山州景德
王十五年改漢州
高麗太祖二十三
年改廣州今京畿
道府

鴛鴦音通

止。澄曰。西去縣尙遠。請宿于此。父嫗曰。苟不以蓬蓽爲陋。敢承命。澄遂解鞍施衾幃。其女見客方止。修容艶粧自帷箔間出。有閑雅之態。猶過初時。澄曰。小娘子明惠過人甚。幸未婚。敢請自媒如何。翁曰。不期貴客欲採拾。豈定分也。澄遂修子婿之禮。澄乃以所乘馬載之而行。旣至官。俸祿甚薄。妻力以成家。無不歡心。後秩滿將歸。已生一男一女。亦甚明惠。澄尤加敬愛。嘗作贈內詩云。一官慚梅福。三年愧孟光。此情何所喩。川上有鴛鴦。其妻終日吟諷。似默有和者。未嘗出口、澄罷官。罄室歸本家。妻忽悵然謂澄曰。見贈一篇尋卽有和。乃吟曰。琴瑟情雖重。山林志自深。常憂時節變。辜負百年心。遂與訪其家。不復有人矣。妻思慕之甚。盡日涕泣。忽壁角見一虎皮。妻大笑曰。不知此物尙在耶。遂取披之。卽變爲虎。哮吼拏攫。突門而出。澄驚避之。携二子尋其路。望山林大哭數日。竟不知所之。噫。澄現二公之接異物也。變爲人妾則同矣。而贈背人詩。然後哮吼拏攫而走。與現之虎異矣。現之虎不得已而傷人。然善誘良方以救人。獸有爲仁如彼者。今有人而不如獸者。何哉。詳觀事之終始。感人於旋遶佛寺中。天唱徵惡。以自代之。傳神方以救人。置精廬講佛戒。非徒獸之性仁者也。盖大聖應物之多方。感現公之能致情於旋遶。欲報冥益耳。宜其當時能受禧佑乎。讚曰。山家不耐三兄惡。蘭吐那堪一諾芳。義重數條輕萬死。許身林下落花忙。

融天師彗星歌 眞平王代

第五居烈郞●第六實處郞●(一作突處郞)第七寶同郞等三花之徒。欲遊楓岳。有彗星犯心大星。郞徒疑之。欲罷其行。時天師作歌歌之。星恠卽滅。日本兵還國。反成福慶。大王歡喜。遣郞遊岳焉。歌曰。舊理東尸汀叱　乾達婆矣遊烏隱城叱肹良望良古　倭理叱軍置來叱多烽燒邪隱邊也藪耶。三花矣岳音見賜烏尸聞古　月置八切爾數於將來尸波衣　道尸掃尸星利望良古　彗星也白反也人是有叱多　後句　達阿羅浮去伊叱等邪　此也友物北所音叱彗叱只有叱故

正秀師救氷女

第四十哀莊王代。有沙門正秀。寓止皇龍寺。冬日雪深。旣暮。自三郞寺還。經由天嚴寺門外。有一乞女產兒。凍臥瀕死。師見而憫之。就抱。良久氣蘇。乃脫衣以覆之。裸走本寺。苫草覆身過夜。夜半有天唱於王庭曰。皇龍寺沙門正秀宜封王師。急使人檢之。具事升聞。上備威儀迎入大內。册爲國師。

避隱第八

朗智乘雲　普賢樹

歃良州阿曲縣之靈鷲山(歃良。今梁州。阿曲一作西。又云求佛。又屈弗。今蔚州置屈弗驛。今存其名。)有異僧。庵居累紀。而鄕邑皆不識。師亦不言氏名。常講法華。仍有通力。龍朔初。有沙彌智通。伊亮公之家奴也。出家年七歲。時有烏來鳴云。靈鷲去投朗智爲弟子。通聞之尋訪此山。來憩於洞中樹下。忽見異人

阿河音通
勝覽屈弗作堀火
盖音同

出。曰我是普大士。欲授汝戒品。故來爾。因宣戒訖乃隱。通神心豁爾。智證頓圓。遂前行路逢一僧。乃問朗智師何所住。僧曰。奚問朗智乎。通具陳神烏之事。僧莞爾而笑曰。我是朗智。今茲堂前亦有烏來報。有聖兒投師將至矣。宜出迎。故來迎爾。乃執手而嘆曰。靈烏驚爾投吾。報予迎汝。是何祥也。殆山靈之隱助也。傳云。山主乃辨才天女。通聞之泣謝。投禮於師。旣而將與授戒。通曰。予於洞口樹下。已蒙普賢大士乃授正戒。智嘆曰。善哉汝已親稟大士滿分之戒。我自生年來。夕惕懼懃。念遇至聖。而猶未能昭格。今汝已受。吾不及汝遠矣。反禮智通。因名其樹曰普賢。通曰。法師住此其已久。如曰法興王丁未之歲。始寓足焉。不知今幾。通到山之時。乃文武王卽位元年辛酉歲也計已一百三十五年矣。通後詣義湘之室。升堂覩奧。頗資玄化。寔爲錐洞記主也。元曉住磻高寺時。常往謁智。令著初章觀文及安身事心論。曉撰訖。使隱士文善奉書馳達。其篇尾述偈云。西谷沙彌稽首禮東岳上德高巖前。磻高在靈鷲之西北。故西谷沙彌乃自謂也。吹以細塵補鷲岳。飛以微滴投龍淵。云云山之東有大和江。乃爲中國大和池龍植福所創。故云龍淵。通與曉皆大聖也。二聖而樞衣師之。道邁可知。師嘗乘雲往中國之淸凉山。隨衆聽講。俄頃卽還。彼中僧謂是隣居者。然罔知攸止。一日令於衆曰。除常住外。別院來僧。各持所居名花異植。來献道場。智明日折山中異木一枝歸呈之。彼僧見之。乃曰。此木梵號怛提伽。此云赫。唯西竺海東二靈鷲山有之。彼二山皆第十法雲地。菩薩所居。斯必聖者也。遂察其行色。乃知住海東靈鷲也。因此改觀。名著中外。鄕人乃號其庵曰赫木。今赫木寺之北崗有古基。乃其遺趾。靈鷲寺記云。朗智嘗云。此庵址乃迦葉佛時寺基也。堀地得燈缸二。隔元聖王代。有大德緣會來居山中。撰師之傳行于世。按華嚴經第十名法雲地。今師之駕雲。蓋佛陑屈三指。元曉分百身之類也歟。 讚曰。 想料嵓藏百歲間。高名曾未落人寰。不禁山鳥閑饒舌。雲駕無端洩往還。

緣會逃名 文殊岾

高僧緣會。嘗隱居靈鷲。每讀蓮經修普賢。觀行庭池。常有蓮數朶。四時不萎。(今靈鷲寺龍藏殿。是緣會舊居。)國主元聖王聞其瑞異。欲徵拜爲國師。師聞之。乃棄庵而遁。行跨西嶺嵓間。有一老叟今爾耕。問師奚適。曰。吾聞邦家濫聽。縻我以爵。故避之爾。叟聽曰。於此可賈。何勞遠售。師之謂賣名無厭乎。會謂其慢己。不聽。遂行數里許。溪邊遇一媼。問師何往。答如初。媼曰。前過人乎。曰。有一老叟侮予之甚。慍且來矣。媼曰。文殊大聖也。夫言之不聽何。會聞卽驚悚。遽還翁所。扣顙陳悔曰。聖者之言敢不聞命乎。今且還矣。溪邊媼彼何人斯。叟曰。辯才天女也。言訖遂隱。乃還庵中。俄有天使賫詔徵之。會知業已當受。乃應詔赴闕。封爲國師。(僧傳云。憲安王封爲二朝王師。號照。咸通四年卒。與元聖年代相木。未知孰是。)師之感老叟處。因名文殊岾。見女處曰阿尼岾。

注照上下恐有脫字

讚曰。倚市難藏久陸沉。囊錐旣露括難禁。自緣庭下靑蓮誤。不是雲山固未深。

惠現求靜

釋惠現。百濟人。小出家。苦心專志誦蓮經爲業。祈禳請福。靈應良稠。兼攻三論。染指通

小少音通

原本石作右據僧傳改
僧傳室作窟

神。初住北部修德寺。有衆則講。無則持誦。四遠欽風。戶外之履滿矣。稍厭煩擁。遂往江南達拏山居焉。山極嵓險。來往艱稀。現靜坐求忘。終于山中。同學舁尸置石室中。虎啖盡遺骸。唯髑舌存焉。三周寒暑。舌猶紅軟。過後方變紫。硬如石。道俗敬之藏于石塔。俗齡五十八。卽貞觀之初。現不西學。靜退以終。而乃名流諸夏立傳。在唐聲著矣。夫又高麗釋波若入中國天台山。受智者敎。觀以神異。間山中而滅。唐僧傳亦有章頗多靈範。讃曰。

鹿尾傳經倦一場。去年淸誦倚雲藏。風前靑史名流遠。火後江蓮舌帶芳。

信忠掛冠

孝成王潛邸時。與賢士信忠圍碁於宮庭栢樹下。嘗謂曰。他日若忘卿。有如栢樹。信忠與拜。隔數月。王卽位賞功臣。忘忠而不第之。忠怨而作歌。帖於栢樹。樹忽黃悴。王怪使審之。得歌獻之。大驚曰萬機鞅掌。幾忘乎角弓。乃召之賜爵祿。栢樹乃蘇。歌曰。物叱好支栢史　秋察尸不冬爾屋支墮米　汝於多支行齊敎因隱　仰頓隱面矣改衣賜乎隱冬矣也　月羅理影支古理因淵之叱　行尸浪　阿叱沙矣以支如支　貌史沙叱望阿乃　世理都　之叱逸烏隱第也　後句亡。由是寵於兩朝。景德王（王卽孝成之弟也）二十二年癸卯。忠與二友相約。掛冠入南岳。再徵不就。落髮爲沙門。爲王創斷俗寺居焉。願終身立壑。以奉福大王。王許之。留眞在金堂後壁是也。南有村名俗休。今訛云小花里。（按三和尙傳有信忠奉聖寺。與此相混。然計其神文之世距景德已百餘年。況神文與信忠乃宿世之事。則非此信忠明矣。宜詳之。）又別記云。景德王代有直長李俊（高僧傳作李純）早曾發願。年至知命須出家創佛寺。天寶

注去疑云訛

指疑捐訛

七年戊子。年登五十矣。改創槽淵小寺爲大刹。名斷俗寺。身亦削髮。法名孔宏長老。住寺
二十年乃卒。與前三國史載不同。兩存之闕疑。讚曰。　功名未已鬢先霜。君寵雖多百歲忙
隔岸有山頻入夢。逝將香火祝吾皇。

包山二聖

羅時有觀機道成二聖師。不知何許人。同隱包山。鄉云所瑟山。乃梵音。此云包也。機庵南嶺。成處北穴。相去
十許里。披雲嘯月。每相過從。成欲致機。則山中樹木皆向南而俯。如相迎者。機見之而往
機欲邀成也。則亦如之。皆北偃。成乃至。如是有年。成於所居之後。高嵓之上。常宴坐。
一日自嵓縫間透身而出。全身騰空而逝。莫知所至。或云。至壽昌郡今壽城郡指骸焉。機亦繼踵
歸眞。今以二師名命其墟。皆有遺趾。道成嵓高數丈。後人置寺穴下。大平興國七年壬午。
有釋成梵。始來住寺。敞萬日彌陁道場。精懃五十餘年。屢有殊祥。時玄風信士二十餘人歲
結社。拾香木納寺。每入山採香。劈析淘洗。攤置箔上。其木至夜放光如燭。由是郡人項施
其香。徒以得光之歲爲賀。乃二聖之靈感。或岳神攸助也。神名靜聖天王。甞於迦葉佛時受
佛囑。有本誓。待山中一千人出世。轉受餘報。今山中甞記九聖遺事。則未詳。曰　觀機
道成　搬師　楪師　道義有栢岩基　子陽　成梵　今勿女　白牛師　讚曰。相過蹯月弄雲泉。二
老風流幾百年。滿壑烟霞餘古木。佐昂寒影尙如迎。搬音般。鄉云雨木。楪音牒。鄉云加乙
木。此二師久隱嵓叢。不交人世。皆編木葉爲衣。以度寒暑。掩濕遮羞而已。因以爲號。甞

子疑予訛

藪蔽訛

保羅國云々本傳作八浦上國伐阿羅新羅往救

聞楓岳亦有斯名乃知古之隱倫之士。例多逸韻如此。但難爲跆襲。予嘗寓包山。有記二師之遺美。今幷錄之。

紫茅黃精坙肚皮。蔽衣木葉非蠶機。寒松颼々石犖确。日暮林下樵蘇歸。夜深披向月明坐。一半颯々隨風飛。敗蒲橫臥於憨眠。夢魂不到紅塵羈。雲遊逝兮二庵墟。山鹿恣登人迹稀。

永才遇賊

釋永才性滑稽。不累於物。善鄕歌。暮歲將隱于南岳。至大峴嶺。遇賊六十餘人。將加害。才臨刃無懼色。怡然當之。賊怪而問其名。曰永才。賊素其聞名。命乃口口口作歌。其辭曰。

自矣心米　貌史毛達只將來呑隱日遠烏逸口口過出知遣　今呑藪未去遣省如　但非乎隱焉破口主次弗口史內於都還於尸朗也　此兵物叱沙過乎好尸曰沙也內乎呑尼　阿耶　唯只伊吾音之叱恨隱潽陵隱安支尙宅都乎隱以多

賊感其意。贈之綾二端。才笑而前謝曰。知財賄之爲地獄根本。將避於窮山以餞一生。何敢受焉。乃投之地。賊又感其言。皆釋劒投戈。落髮爲徒。同隱智異。不復蹈世。才年僅九十矣。在元聖大王之世。讚曰。

策杖歸山意轉深。綺紈珠玉豈治心。綠林君子休相贈。地獄無根只寸金。

勿稽子

第十奈解王卽位十七年壬辰。保羅國●古自國●今固城史勿國今泗州等八國。併力來侵邊境。王命太

今固城當作今固州本小加羅國新羅取之置古自郡景德王改固城高麗成宗爲固州元宗時因之今慶尙道固城縣

十上疑脫二骨浦國等勝覽作骨浦漆浦古浦

山川疑倒置

子楱音將軍一伐等率兵拒之。八國皆降。時勿稽子軍功第一。然爲太子所嫌。不賞其功。或謂勿稽曰。此戰之功唯子而已。而賞不及子。太子之嫌君其怨乎。稽曰。國君在上。何怨人臣。或曰。然則奏聞于王幸矣。稽曰。伐功爭命。揚己掩人。志士之所不爲也。勵之待時而已。十年乙未。骨浦國(今合浦也)等三國王各率兵來攻竭火。(疑屈弗也。今蔚州。)王親率禦之。三國皆敗。稽所獲數十級。而人不言稽之功。稽謂其妻曰。吾聞仕君之道。見危致命。臨難忘身。仗於節義不顧死生。之謂忠也。夫保羅(疑發羅。今羅州。)竭火之役。誠是國之難。君之危。而吾未曾有忘身致命之勇。此乃不忠甚也既以不忠而仕君。累及於先人。可謂孝乎。既失忠孝。何顏復遊朝市之中乎。乃被髮荷琴入師彘山。(未詳)悲竹樹之性病。寄托作歌。擬溪澗之咽響。扣琴制曲。隱居不復現世。

迎如師

實際寺釋迎如。未詳族氏。德行雙高。景德王將邀致供養。遣使徵之。如詣內齋罷。將還。王遣使陪送至寺。入門卽隱。不知所在。使來奏。王異之。追封國師。後亦不復現世。至今稱曰國師房。

布川山　五比丘　景德王代

歃良州東北二十許里有布川山。石窟奇秀。宛如人斲。有五比丘。未詳名氏。來寓而念彌陁求西方幾十年。忽有聖衆自西來迎。於是五比丘各坐蓮臺。乘空而逝。至通度寺門外留連

丸疑瓦

防妨音通

而天樂間奏。寺僧出觀。五比丘爲說無常若空之理。蛻棄遺骸。放大光明。向西而去。其捐舍處。寺僧起亭榭。名置樓。至今存焉。

念佛師

南山東麓有避里村。村有寺。因名避里寺。寺有異僧。不言名氏。常念彌陁。聲聞于城中。三百三十六坊。十七萬戶。無不聞聲。聲無高下。琅々一様。以此異之。莫不致敬。皆以念佛師爲名。死後泥塑眞儀。安于敏藏寺中。其本住避里寺。改名念佛寺。寺旁亦有寺名讓避。因村得名。

孝善第九

眞定師孝善雙美、

法師眞定羅人也。白衣時隷名卒伍。而家貧不娶。部役之餘。傭作受粟。以養孀母。家中計產。唯折脚一鐺而已。一日有僧到門。求化營寺鐵物。母以鐺施之。旣而定從外皈。母告之故。且虞子意何如爾。定喜現於色曰。施於佛事。何幸如之。雖無鐺又何患。乃以丸盆爲釜。熟食而養之。嘗在行伍間。聞人說義湘法師在大伯山說法利人。卽有嚮慕之志。告於母曰。畢孝之後。當投於湘法師●落髮學道矣。母曰。佛法難遇。人生大速。乃曰畢孝。不亦晩乎曷若趂予不死。以聞道聞。愼勿因循。速斯可矣。定曰。萱堂晩景。唯我在側。弃而出家。豈敢忍乎。母曰。噫爲我防出家。令我便墮泥黎也。雖生養以三牢七鼎。豈可爲孝。予其衣食於人之門。亦可守其天年。必欲孝我。莫作爾言。定沈思久之。母卽起罄倒囊儲。有米七升。卽日畢炊。且曰。恐汝因熟食經營而行慢也。宜在予目下。喰其一●橐其六●速行速行。定飮泣固辭曰。弃母出家。其亦人子所難忍也。況其杯漿數日之資。盡裹而行。天地其謂我何。三辭三勸之。定重違其志。進途宵往。三日達于大伯山。投湘公剃染爲弟子。名曰眞定居三年。母之訃音至。定跏趺入定。七日乃起。說者曰。追傷哀毀之至。殆不能堪。故以定水滌之爾。或曰。以定觀察母之所生處也。或曰。斯乃如實理薦冥福也。既出定以後。事告於湘。湘率門徒歸于小伯山之錐洞。結草爲廬。會徒三千。約九十日。講華嚴大典。門人智通隨講。撮其樞要成兩卷。名錐洞記。流通於世。講畢。其母現於夢曰。我已生天矣。

大城孝二世父母　神文代

文下疑脫王

牟梁里(一作浮雲村)之貧女慶祖有兒。頭大頂平如城。因名大成。家窘不能生育。因役傭於貨殖福安家。其家俵田數畝以備衣食之資。時有開士漸開。欲設六輪會於興輪寺。勸化至福安家。安施布五十疋。開咒願曰。檀越好布施。天神常護持。施一得萬倍。安樂壽命長。大城聞之跳跟而入。謂其母曰。予聽門僧誦倡。云施一得萬倍。念我定無宿善。今玆困匱矣。今又不施。來世益艱。施我傭田於法會。以圖後報何如。母曰善。乃施田於開。未幾城物故。是日夜國宰金文亮家有天唱云。牟梁里大城兒今託汝家。家人震驚。使檢牟梁里。城東亡。其日與唱同時有娠生兒。左手握不發。七日乃開。有金簡子彫大城二字。又以名之。迎其母於第

勝覽得作德

勝覽五百碩作三百斛宅一區口分田若干

今疑本訛
同下疑脫摟

中傘養之。既壯。好遊獵一日登吐含山捕一熊。宿山下村。夢熊變爲鬼。訟曰。汝何殺我。我還啖汝。城怖懼請容赦。鬼曰。能爲我創佛寺乎。城誓之曰喏。既覺。汗流被蓐。自後禁原野。爲熊創長壽寺於其捕地。因而情有所感。悲願增篤。乃爲現生二親創佛國寺。爲前世爺孃創石佛寺。請神琳表訓二聖師各住焉。茂張像設。且酬鞠養之勞。以一身孝二世父母。古亦罕聞。善施之驗可不信乎。將彫石佛也。欲鍊一大石爲龕蓋。石忽三裂。憤恚而假寐。夜中天神來降。畢造而還。城方扰起。走跋南嶺。爇香木以供天神。故名其地爲香嶺。其佛國寺雲梯石塔彫鏤石木之功。東都諸刹未有加也。古鄉傳所載如上。而寺中有記云。景德王代。大相大城以天寶十年辛卯始創佛國寺。歷惠恭世。以大歷九年甲寅十二月二日大城卒國家乃畢成之。初請瑜伽大德降魔住此寺。繼之至于今。與古傳不同。未詳孰是。

讚曰。牟梁春後施三畝。香嶺秋來獲萬金。萱室百年貧富貴。槐庭一夢去來今。

向得舍知割股供親　景德王代

熊川州有向得舍知者。年凶。其父幾於餧死。向得割股以給養。州人具事奏聞。景德王賞賜租五百碩。

孫順埋兒　興德王代

孫順者。(古本作孫舜) 牟梁里人。父鶴山。父沒。與妻同但傭人家得米穀養老孃。孃名運烏。順有小兒。每奪孃食。順難之。謂其妻曰。兒可得。母難再求。而奪其食。母飢何甚。且埋此

勝覽貧女作知恩

勝覽二十左右作三十二

拾疑捨訛

兒以圖母腹之盈。乃負兒皈醉山(山在牟梁西北)北郊。堀地忽得石鍾。甚奇。夫婦驚怪。乍懸林木上。試擊之。舂容可愛。妻曰。得異物殆兒之福。不可埋也。夫亦以爲然。乃負兒與鍾而還家。懸鍾於梁扣之。聲聞于闕。興德王聞之。謂左右曰。西郊有異鍾聲。淸遠不類。速檢之。王人來檢其家。具事奏王。王曰。昔郭巨子瘞子。天賜金釜。今孫順埋兒。地湧石鍾。前孝後孝。覆載同鑑。乃賜屋一區。歲給粳五十碩。以尙孝純焉。順捨舊居爲寺。號弘孝寺。安置石鍾。眞聖王代。百濟橫賊入其里。鍾亡寺存。其得鍾之地名完乎坪。今訛云枝良坪。

貧女養母

孝宗郞遊南山鮑石亭(或云三花述)。門客星馳。有二客獨後。郞問其故。曰。芬皇寺之東里有女年二十左右。抱盲母相號而哭。問同里。曰此女家貧。乞啜而反哺有年矣。適歲荒。倚門難以藉手。贖賃他家。得穀三十石。寄置大家服役。日暮槖米而來家。炊餉伴宿。晨則歸役大家如是者數日矣。母曰。昔日之糠粃●心和且平。近日之香秔●膈肝若刺。而心未安。何哉。女言其實。母痛哭。女嘆己之但能口腹之養●而失於色難也。故相持而泣。見此而遲留爾郞聞之潸然。送穀一百斛。郞之二親亦送衣袴一襲。郞之千徒歛租一千石遺之。事達宸聽。時眞聖王賜穀五百石。幷宅一廛。遣卒徒衛其家。以儆劫掠。旌其坊爲孝養之里。後捨其家爲寺。名兩尊寺。

三國遺事卷第五 終

吾東方三國。本史遺事兩本。他無所刊。而只在本府。歲久刓缺。一行可解僅四五字。余惟士生斯世。歷觀諸史。其於天下治亂興亡。與諸異跡。尙欲博識。況居是邦。不知其國事。可乎。因欲改刊。廣求完本。閱數載不得焉。其曾罕行于世。人未易得見。可知若今不改。則將爲失傳。東方往事。後學竟莫聞知。可嘆也已。幸吾斯文星州牧使權公輳聞余之求求。得完本送余。余喜受。具告監司安相國瑭都事朴候佺。僉曰善。於是分刊列邑。令還藏于本府。噫。物久則必有廢。廢則必有興。興而廢。廢而興。是理之常。知理之常。而有時興。以永其傳。亦有望於後來之惠學者云。

皇明正德壬申季冬。府尹推誠定難功臣嘉善大夫慶州鎭兵馬節制使全平君李繼福謹跋。

生員　李山甫

校正生員　崔起潼

中訓大夫行慶州府判官慶州鎭兵馬節制都尉　李瑠

奉直郎守慶尙道都事　朴佺

節度使安瑭

推誠定難功臣嘉靖大夫慶尙道觀察使兼兵馬水軍（以下闕佚）

原文 三國遺事

初版 印刷●1993年 1月 20日
初版 發行●1993年 1月 25日

著　者●一然 金見明
發行者●金 東 求

發行處●明 文 堂
서울特別市 鍾路區 安國洞 17~8
對替 010041-31-0516013
電話 (營) 733-3039, 734-4798
(編) 733-4748
FAX 734-9209
登録 1977. 11. 19. 第 1~148號

값 5,000원

ISBN 89-7270-065-7